本书是国家社科基金教育学一般项目"增强现实（AR）多媒体学习的认知情感机制及其促进小学生高效率学习的研究"（课题批准号：BBA200031）成果。

增强现实学习的认知情感机制

基于高效率学习视角

赵小军 代晨辉 石常秀　著

科学出版社

北　京

内 容 简 介

本书深入探讨了增强现实（AR）技术在教育领域的应用，重点分析了它对学习认知和情感机制的影响。全书分为理论篇和实证篇：理论篇详细介绍了 AR 技术在心理学中的应用及其在教育领域中的推动作用；实证篇则通过定性和定量研究，证实了 AR 多媒体学习在认知和情感方面的显著效果。书中围绕学业情绪对学习效率的影响，提出了通过多媒体设计激发学生的积极学业情绪，从而提升学习效果的理念。结合多媒体学习认知-情感理论与认知负荷视角，本书探讨了 AR 环境中认知、情感与情境设计对学习效率的影响，并分析了基于积极学业情绪激发的多媒体学习机制。AR 学习为现代信息化教育提供了有效的实践路径。

本书适合教育与心理学研究者、教育技术研究人员以及对 AR 教育应用感兴趣的读者，有助于他们深入理解 AR 技术的教学潜力及其实际应用，从而提升教学效果和学习效率。

图书在版编目（CIP）数据

增强现实学习的认知情感机制：基于高效率学习视角 / 赵小军，代晨辉，石常秀著. -- 北京：科学出版社，2025. 3. -- ISBN 978-7-03-081597-2

Ⅰ. G434；TP391.98

中国国家版本馆 CIP 数据核字第 2025UL3627 号

责任编辑：朱丽娜　冯雅萌 / 责任校对：胡小洁
责任印制：徐晓晨 / 封面设计：有道文化

科 学 出 版 社 出版
北京东黄城根北街 16 号
邮政编码：100717
http://www.sciencep.com
北京建宏印刷有限公司印刷
科学出版社发行　各地新华书店经销
*
2025 年 3 月第 一 版　开本：720×1000　1/16
2025 年 3 月第一次印刷　印张：13 3/4
字数：250 000
定价：108.00 元
（如有印装质量问题，我社负责调换）

前　　言

　　当虚拟世界与现实世界完美融合，我们便进入了 AR 的世界。这种充满想象力的科技，不仅提供了身临其境的感官体验，还开启了教育变革的新篇章。AR 技术通过将虚拟元素植入真实环境中，构建了沉浸式的虚实交互空间。在这个虚实融合的世界中，我们能够打破时间和空间的限制，创造前所未有的教学体验。随着信息技术在教学领域的广泛应用，AR 技术已成为教育界的新宠。AR 技术所构建的虚实交互环境，使得抽象而深奥的知识变得直观易懂，让枯燥乏味的课堂变得生动有趣。例如，通过 AR 技术，学生们能够"亲临"埃及古墓，探索其结构，也能够在教室里近距离观察虚拟的 3D 细胞，深化对生物学的理解。这种沉浸式学习方法能够激发学生的学习兴趣，实现"在游玩中学习"的理念。

为了充分利用 AR 技术在教学中的优势，我们需要深入探究其对学生在学习过程中的认知和情感机制的影响。AR 技术不仅可以减轻学生在学习抽象概念时的认知负担，还可以通过情境化和游戏化的方法激发学生的积极情感。这对于提高小学生的学习效果尤为关键。本书基于这一研究需求，聚焦于 AR 多媒体学习，结合多学科理论和一系列实证研究，深入探讨了 AR 多媒体学习如何激发学生的认知潜能和情感驱动，从而使学习更加高效和有效，进而实现高效率学习的目的。通过这些研究，本书揭示了 AR 多媒体学习在教育心理学上的重点研究问题和深层机制。

本书分为理论篇和实证篇两大部分。

理论篇系统地探讨了 AR 技术在心理学领域的应用，阐释了它为什么会成为新时代教育的重要推动力量。这一技术就像为学习插上了翅膀，使课堂知识更加直观地"飞入"学生的脑海，从而促进高效率学习。此外，理论篇还深入分析了 AR 多媒体环境下的认知情感研究以及影响学习的各种因素。理论篇的主要研究内容包括以下七个方面：①智能化视角下的学生高效率学习；②基于情境学习视角的 AR 学习应用：虚实结合的高效率学习；③高效率学习视域下 AR 学习在数字化教学模式改革中的应用；④基于高效率学习科学的 AR 多媒体学习心理特征和心理机制；⑤AR 多媒体学习的认知与情感机制研究；⑥非智力因素对 AR 多媒体学习的影响研究；⑦AR 多媒体学习对激发学生内部积极情绪的影响研究。

实证篇则采用定性与定量研究相结合的方式，全面验证了 AR 多媒体学习在认知和情感方面的效果，构思了一套针对认知思维训练和道德与法治教育的 AR 多媒体学习素材库，还针对 AR 多媒体学习中可能出现的不良学业情绪，提出了四大改善策略：教师支持、教学环境支持、朋辈支持和家庭支持。实证篇的主要研究内容包括以下四个方面：①AR 多媒体学习：消极学业情绪补偿与高效率学习；②AR 多媒体学习的认知情感实证研究；③高效率学习视域下 AR 多媒体学习素材开发与设计；④AR 多媒体学习中不良学业情绪的改善策略研究。

本书由赵小军、代晨辉、石常秀进行研究设计、具体实施和撰写统稿等工作。感谢河北大学学生心理健康与发展中心李旭鹏老师、甘肃省天水市秦州区玉泉镇五里铺中心小学刘宝军老师、河北大学教育学院石绪亮副教授、中共河北省委教育工作委员会党校袁亚兵老师对本书给予的大力支持和部分内容的修订。此外，研究生寇玉婷、权玮涵、牛子涵、张佳静、王英杰、陈保卫、张文静（第一至七章），贾文静、刘亚青、康欣蕊、刘苗桩、李娟娟、房小品、锁印芳（第八至十一章）进行了研究素材整理和实证资料分析等工作，在此一并表示感谢。

本书参考和引用了国内外研究者的相关研究材料和研究成果，以丰富相关内容，开阔视野，在此，向有关作者表示由衷感谢！

鉴于笔者水平有限，书中不足之处在所难免，敬请专家读者予以批评指正。

赵小军

目　　录

第二篇　实证篇

第一篇

理 论 篇

第一章

智能化视角下的学生高效率学习

　　21世纪初以来，信息化和机械化的迅猛发展极大地影响了社会的各个领域，引发了人们生活方式的根本性变革。随着时间的推移，技术领域也在不断发展和变革，诸如物联网、人工智能（artificial intelligence，AI）、5G等技术实现了明显突破。作为社会发展的基石，教育同样不可避免地卷入了这场技术革新的浪潮中。我们现在正处于一个以物联网、云计算、大数据、虚拟现实（virtual reality，VR）、增强现实（augmented reality，AR）等技术为基石的智能化时代。这个时代以万物互联和智能化为核心，突出了自动化、信息化和智慧化的重要特征（邓磊，钟颖，2020）。科技的快速进步对教育行业产生了深远的影响。在追求教育现代化的过程中，《国家中长期教育改革和发展规划纲要（2010—2020年）》明确指出，信息技术对教育发展具有革命性影响，必须予以高度重视。同时，利用信息技术提升学生的积极学业情绪已成为一个紧迫的课题。智能化教育方式，如VR和AR学习，提供了提升积极学业情绪的新途径。因此，智能化教育成为教育领域发展的一个重要方向，是新时期改进教育模式和提升学习效率的有效途径。

第一节　积极学业情绪与智能时代的教育变革

一、传统教育与智能化教育

在传统教育模式中，学习和教学活动往往被局限在狭小的空间内。这种模式通常依赖于教师的单向讲授，导致学生的自主性较弱。此外，学科内容常常彼此孤立，缺乏跨学科的互动和实际情境的联系，这显著增加了知识综合运用的难度。学习资源的有限性以及缺乏交流和协作的平台，进一步限制了学生知识面的拓展。这种模式对学习成果的评估往往局限于事实性知识和离散技能的掌握，难以满足教学评估对全面性和深度理解的要求（祝智庭，2001）。传统教育模式的局限性在一定程度上限制了积极学业情绪的培养。相比之下，智能化教育通过将智能化系统融入教育体系，打破了传统的教学模式。智能技术的引入不仅为教育注入了新的活力，还使学生能够超越传统课堂的限制，将所学知识与现实生活紧密融合。这种教育模式显著增强了学生的自主性和主动性，有效激发了他们的积极学业情绪，并构建了网络化、数字化、个性化的学习和教学环境。在"互联网+"、AI 和大数据等现代数字技术的支持下，智能化系统展现了感知、记忆、思维、学习、自适应以及行为决策等多种先进特性（刘卫国，2011；杨现民，2014），能够使教育的环境在信息网络空间中无限延展，辅助学习活动的高效进行。

二、智能化教育模式

（一）"互联网+教育"

在互联网时代，基于网络的教育活动和学习方式已经变得越来越普及和多样化。互联网的快速发展不仅为学生提供了泛在学习的可能，还支持了自主学习、个性化学习以及校际的联动学习（苏丽杰，2020）。这些新的学习方式受益于互联网提供的强大技术支撑，为教育领域带来了前所未有的变革和创新。"互联网+教育"代表了互联网与教育领域深度融合的新趋势，成为当今教育的主流模式之一。特别是在新冠疫情期间，从小学到大学，学生们普遍采取了在线学习模式。这种基于互联网的教学手段，在这特殊时期显得尤为重要。在"互联网+教育"模式下，传统教育理念得到了重新塑造，更加注重以学习者的实际需求为中心，从而推动教育向着更加自主化、社会化和终身化的方向发展（陈丽，2016）。在现代信息技术的驱动下，教育资源在存储、传输和获取方面实现了网络化，突破了时空限制，有效超越了地域间和校际的隔阂。随着技术领域的持续革新，我们见证了教育模式多元化的发展。这不仅弥补了早期网络教育在内容针对性、有效评估和监督机制上的不足，而且加深了教育体系的智能化程度。如今，各式各样的网络学习平台，如慕课﹝即大规模在线开放课程（massive open online course，MOOC）﹞、钉钉、学习通等纷纷涌现，推动了基于互联网的教学手段和学习模式的多样化。这些平台在良好的教学设计基础上，更能有效激发学生的积极学业情绪。

（二）"AI+教育"

AI技术指的是通过人力创造的机器智能，旨在模拟、延伸和扩展人类智能的科学技术。"AI+教育"的结合为激发学生的积极学业情绪开辟了广阔的新领域。在教育学科中，科学性在很大程度上依赖于科学的研究方法，而AI提供了一个理想的实验平台。以非公理化推理系统（non-axiomatic reasoning system，NARS）为例，该系统通过对学习材料的不断经验积累，能够模拟学习者的学习过程，并能够对学习效果进行实时评估（Wang & Li，2016）。"AI+教育"代表着智能化教育发展的新阶段。在这一阶段，AI 技术被应用于教育实践，引领学习和教育活动进入一个全新模式。近年来，随着虚拟技术的快速发展，学习模式经历了巨大的变革和突破。在大数据和云计算等技术的支持下，AI 技术在社会改造中展现出明显优势，其在教育领域的潜力也同样令人期待。特别是 VR 和 AR 技术的融入，不仅创造了虚拟图书馆、虚拟仿真实验室和虚拟校园等新型学习空间，将学习者带入具体的情境中，为学习者掌握知识和技能等提供了环境线索，还催生了虚拟教师和虚拟管理者等辅助角色，为实现教育资源在社会范围内的公平分配提供了技术支持（胡乐乐，2015；刘畅，2020）。虚拟化教育极大地吸引了学习者的兴趣，这种兴趣所带来的积极学业情绪对于提高学习效率至关重要。在这种开发过程中，AI 技术利用网络空间的云计算和大数据，帮助学习者寻找合适的学习资源，制定适宜的学习计划。它不仅能提供智能化的监督和管理服务，还能对学习者的学习进度和成果进行综合性评估。良好的功能使 AI 技术成为实现个性化教育的有效手段（刘畅，2020）。

（三）"5G+教育"

5G 网络凭借其高带宽、低时延和强大的物联网能力，已成为教育与技术融合的新焦点。"5G+教育"的模式能有效优化远程教育中的学习和教学互动体验。它不仅实现了师生之间的实时互动，提升了教学的灵活性，还促进了教育资源的全面共享，从而成为促进积极学业情绪的重要途径。此外，5G 技术还支持 AI 在教学过程中的实时测评，能自动捕捉学生在课堂上的状态，并将其数据化，进而进行智能分析和评估，最终生成针对性的学习指导方案（卢向群，孙禹，2019）。同时，VR/AR技术的深入应用和实践拓展依赖于 5G 技术的支持。虚拟场景的渲染、运行和操控都涉及大量的数据运算，而网络带宽则是确保这些操作的稳定性和传输速率的关键。

三、智能化教育的实践意义

智能化教育新理念推动构建学习型社会。在学习资源公开共享的背景下，学习活动可以随时随地进行，这极大地增加了实现泛在学习的可能性。AI 系统的辅助使得部分教学职能，如问题解答、作业批改、学习规划和监督等，可以转移给虚拟形象，降低了学习者进入实体学校环境以获得学习指导的必要性。同时，VR/AR 技术的应用在构建虚拟学习环境方面发挥了关键作用，降低了学习者进入实体学习机构的需求，使他们能够更直接地与具体学习情境互动。这些技术的综合应用通过提升积极学业情绪，有效推动了高效率学习活动的展开。

在智能化教育新模式的推动下，教育资源的均衡发展得到了明显助力。特别是进入 5G 时代后，远程教育即将实现新的飞跃。在技术的支持下，双师课堂模式的普及程度大幅提升，使得教育资源匮乏地区的学生也能享受到优质的教学指导。同时，通过结合大数据和云计算技术，教学研究和学习评估从传统的统一模式转变为更加个性化的模式。这种转变使得每个学习者都能获得量身定制的学习方案，从而显著提升学习效率。而虚拟校园的实践能够为没有条件进入课堂的个体提供接受同等教育的机会。

在当前教育领域的实践中，多媒体教学已被广泛应用于中小学及高校，受到学生和教师的热烈欢迎。利用多媒体工具的教师能够使课堂形式更加丰富多彩，拓展学生的视野，节省课堂时间。这种教学方式不仅激发了学习者的积极学业情绪，而且被证明是教育改革的一个成功实验。它也表明，智能化教育是教育领域发展的主要趋势之一。随着各类智能技术逐渐成熟，教育领域将会出现越来越多的创新和大胆尝试，推动教育现代化改革成为一种必然趋势。

第二节   智能环境下的学生高效率学习

一、高效率学习的内涵和心理要素

学界对于高效率学习的定义并未达成统一共识。张庆林和杨东（2002）认为有效学习即高效率学习，其核心在于真正理解并灵活应用所学知识，并强调这一过程对能力和态度发展的促进作用。刘善循（2000）将高效率学习定义为在科学的学习理论的指导下，根据学习和心理发展的规律，运用科学的学习策略、方法和技巧以提高学习效率的过程。沈德立和白学军（2006）在综合前人研究的基础上，认为高效率学习指的是狭义上的学习方式，强调依据科学规律进行学习，旨在用最少的资源投入达到最大的学习成效。综上所述，高效率学习可以被理解为在单位时间内，有效学习投入与实际学习投入之比相对较高的状态。具体来说，这要求学生在较短的时间内，运用科学的方法和适当的学习策略，高质量地完成学习任务，并在学习过程中保持积极的情绪状态。沈德立和白学军（2006）的相关研究具有典型意义，他们进一步指出，高效率学习的心理结构涉及选择性注意、元认知、学习策略、非智力因素和内隐认知五个主要的心理要素。

在传统学习活动中，学生主要通过课堂讲授来获取知识。然而，这种知识的表述方式通常较为简单，往往难以吸引学生的注意力或激发他们的积极性。此外，元认知的发展缺乏必要的外部引导，学习策略的获取渠道也相对有限，导致学生对学习活动的兴趣不高。这些因素共同作用，使学生在学习过程中难以保持高水平的学习动机和积极的情绪状态。如何提高学生的高效率学习已成为社会、教师和家长高度关注的问题。减轻学生的学习负担，追求高效率学习，不仅是时代的要求，也是当前教育改革的重要目标。

在智能化教育的背景下，学习内容以视频动画、音乐言语和动态人物形象等各种生动有趣的方式呈现出来。这些吸引眼球的方法不仅有效地抓住了学生的注意力，而且通过系统性规划，可以促使他们进行高效的选择性注意。元认知，即学习者对自己当前认知活动的认知调节，是这一过程的关键部分。它包含了两种基本过程：监测和控制（汪玲，郭德俊，2000）。通过元认知，学生能够更好地理解和管理自己的学习过程，从而提高学习效率。AI系统在辅助学生监控自身学习进程方面扮演了重要角色。它能提供实时反馈，并帮助学生制定和调整学习计划，从而显著提升学习效率。学习策略包括记忆策略、组织策略和情感策略等，既包含外显的行为，也涵盖内隐的思维过程。高水平的学习策略使用对于提高学生的学习质量、减轻学习负担以及扩展知识储备具有关键作用（刘电芝，黄希庭，2002）。智能化系统为学生开辟了无限广阔的学习空间，并提供了丰富多样的交流互动平台。这些资源不仅丰富了学生的学习方式和内容，还促进了学习策略的习得和内化。这样的环境有助于提升学生的学习效率，使他们在更加广泛和互动的学习过程中更有效地掌握知识。

二、高效率学习指向的数据驱动的综合素质测评

即时且有效的教育反馈被认为是促进学生高效率学习的关键因素之一。然而，学校目前使用的传统纸质测评方式并不完全符合现代教育的需求。在智能技术取得突破之前，有学者提出了一种可行的解决方案：引入第三方评价机构，并请专业评估人员对学生进行全面评价。这种方法被视为在现有条件下改善教育评估体系的一种途径（张铭凯，2014），但其所存在的耗费大量的人力、物力，以及缺乏时效等问题，导致其普及程度相对有限。

在智能化时代，学生综合素质测评的效率主要通过数据驱动来实现，从而突破传统方法中的人力和实体资源局限。这种方法利用大量的物联网设备收集学生学习的一线数据，包括学习专注性、知识掌握程度以及存在的问题等。同时，它还通过智能运算推断学生的认知策略、学业情绪和心理健康状态。智能化综合素质测评

系统能深入分析学生的数据，并与现有的综合素质评估模型进行对比。采用 AI 算法处理数据后，该系统能够实时且高效地为学生的学习提供系统性反馈（田爱丽，2020）。区块链技术的分布式存储、可靠的数据传输以及高度的数据安全性等，能够使测评结果更加客观和可信（郑旭东，杨现民，2020）。

三、以学习效率和学习质量为目标的智慧家校生态环境建设

生态系统理论指出，微观系统，即学生日常所处的直接环境，主要包括家庭和学校，对学生的学习发展起着关键作用（Bronfenbrenner，1994）。在智慧家庭环境中，教育工作者可以利用 VR 和 AR 技术在有限的空间内构建多样化的学习场景，从而增加学习活动的趣味性，并引导学生保持对学业的积极情绪。同样，智慧校园通过融合多种智能化技术，能够将枯燥的文本知识转化为生动的立体动态虚拟卡通形象。这样的互动环境有助于学生集中注意力，通过与虚拟形象的交互更有效地吸收新知识，从而有效提升学习效率和学习质量（牛舜君，2019）。

在生态系统理论中，中间系统对个体发展的影响同样重要。为促进学生的高效率学习，需要加强家庭和学校两大微观环境之间的交流与互动。智能化系统在这方面扮演了重要角色，为家校之间的信息实时共享提供了便捷的平台，使得家长可以第一时间了解学生的在校学习情况，从而更好地配合家庭教育和辅导。在智能化时代背景下，注重构建和优化家校生态环境对于促进学生的高效率学习和加速教学改革目标的实现具有重要意义。

四、小结与展望

将互联网、AI、5G 等先进技术引入教育领域，有效弥补了传统教育模式的不足和局限性。特别是在提升学生学习效率方面，这些技术的应用显示出巨大的潜力。目前，智能化教育正处于一个关键的发展阶段，环境变化加速了智能技术与教

育教学的深度融合。智能教育的前景无限广阔，一旦其在教育领域的优势，尤其是在激发学生积极学业情绪方面的优势得到充分发挥，智能化教育不仅将逐步成为教育的常态趋势，还将显著提升教学效果，满足不同学生的个性化学习需求，推动教育公平与整体质量的全面提升。未来的研究工作可以关注各学科教育的独特特点和分学段教育的显著特征，探究它们与智能化技术结合的特异性。

第二章

基于情境学习视角的 AR 学习应用：
虚实结合的高效率学习

  VR 技术已经在现代工业、商业和教育等领域成为一种重要的发展力量。根据一项对多名心理治疗专家的调查，预计未来心理治疗技术将朝着 VR 技术与计算机技术相融合的方向发展，VR 将成为未来治疗领域中的一项重要技术（Glanz et al., 2003）。在国家相关科学和技术发展规划中，VR 与智能表达等前沿技术得到了特别强调，表明 VR 技术在学术研究和国家科技战略中占有重要地位。同时，随着社会的发展，AR 技术的重要性日益凸显。作为 VR 技术的一个关键分支，AR 技术已经在现代社会取得了重大进展，其应用已经从传统的电子显示器扩展到书本、机械设备等多个领域。通过在各个领域的实际应用，如上海世博会的实体"魔盒"、Vuzix 的 Star 1200、微软的 AR 投影器、谷歌推出的 AR 眼镜，以及 IBM Labs 推出的基于 AR 技术的手机购物应用原型等，AR 技术展现了其多样化和广泛的应用潜力。此外，AR 技术在会展和试衣等方面的实际应用也正快速发展，进一步证明了 AR 技术的广泛应用前景和重要性。

第一节　心理学研究中的 AR 技术

在心理学领域，AR 技术正迅速成为一个重要的研究领域。它跨越了现代工程学、计算机科学、认知科学和人类学等多个学科，主要优势在于其能够扩展人们对虚拟世界和真实世界的理解，为人们提供了一种深入探索物理和心理现象的新方式。在传统心理学研究中，诸如行为实验法、心理测量法和认知神经科学方法等尽管已被广泛应用，但这些方法在生态效度上存在局限性。传统实验法通常在有限的环境下进行，导致研究的广度和深度受到了限制。相比之下，AR 技术通过提供大尺度环境的模拟，在一定程度上突破了这些限制，使研究者能够在更加真实的情境中研究人类行为和心理过程。随着心理学领域的快速进步，传统研究方法在某些方面遇到了局限，AR 技术正提供一种有效的补充，使研究者能够在更加复杂和真实的环境中探索与验证心理理论，从而推动心理学研究的深入发展。

一、AR 技术概述

Milgram 和 Kishino 在 1994 年提出的分类学方法揭示了 AR 与 VR 之间的复杂关系，指出虽然两者有共同的起源，但在功能和应用方面存在显著差异。伊凡·苏泽兰（Ivan Sutherland）被誉为"虚拟现实之父"和"计算机图形之父"，他所开发的基于 AR 概念的早期系统成为该领域的一个重要里程碑。20 世纪 70—80 年代开始，美国空军阿姆斯特朗实验室、NASA（National Aeronautics and Space Administration，美国国家航空航天局）艾密斯研究中心和北卡罗来纳大学等机构的早期研究，为 AR 技术奠定了发展基础。进入 90 年代，美国波音公司的科学家首次明确提出"增强现实"这一概念，并开发了辅助装配管线设备的 AR 系统，这标志着 AR 技术在实际应用方面的重大进步。虚拟与增强现实模拟国际会议的定期召开进一步确认了 AR 技术成为一个成熟的研究领域和技术发展方向。AR 是一种创新技术，通过将计算机生成的信息与现实世界环境相融合，实现真实环境与虚拟环境在同一空间的实时同步。这项技术结合了工程学和计算机科学的方法，为用户提供了一种全新的互动体验。在心理学领域，AR 技术不仅改变了我们对虚拟与现实交互的理解，还促进了实验方法论的创新。AR 技术的应用已经超越了传统领域，扩展到军事、科技、现代营销和培训等领域，为这些领域带来了独特的互动体验和效率提升。此外，它还为企业和政府机构带来了新的利润来源和强劲的发展动力。特别在人机交互领域，AR 技术通过促进真实人与虚拟人的互动，不仅为心理学的研究和实践开辟了新的途径，还加深了人们对人机交互理念的理解和应用，展现了广泛的应用潜力和研究价值。

国际上，VR 系统的分类主要分为桌面型虚拟现实系统、沉浸式虚拟现实系统、增强现实型虚拟现实系统和分布式虚拟现实系统。其中，AR 技术作为虚拟现实系统的一个重要分支，目前还未有进一步的细化分类，主要是因为该技术正处于迅猛发展期。AR 技术的主要硬件设备包括显示设备和交互设备，如头盔立体显示器（helmet-mounted stereoscopic display，HMSD）、摄像头、追踪设备、耳机、投影设备、移动轨道和数据手套等。尽管头盔立体显示器因其成本高昂和在实际操作中的不便捷性，在心理学研究中的应用受到一定限制，但它可能会按照眼动仪的发展路径，实现从穿戴式技术向裸眼遥测技术的转变。这种发展趋势表明，未来头盔立体显示器可能朝着更加用户友好和成本效益提升的方向发展，类似于眼动仪从初期的笨重设备演化为现代的轻便设备。由此，AR 技术能够更广泛地被研究者和实践者采用，其在心理学和其他领域的应用前景将更加广阔。

AR 的核心研究技术包括三维建模、显示技术、碰撞检测和仿真技术等。随着 Flash 技术的成熟，其在 Flash 平台上的应用为心理学领域相关产品的加速开发提供了可能。此外，个人数字助理（personal digital assistant，PDA）设备的高级功能，如触控功能、双摄像头、三轴陀螺仪、加速度传感器、环境光传感器、全球定位系统（global positioning system，GPS）和蜂窝网络连接，使其成为理想的 AR 软件应用载体。利用 Xcode 和 Objective-C 进行 AR 应用的开发，进一步表明了基于 Flash、

PDA 或二者结合的 AR 应用系统将继续快速发展。这对于工程心理学和心理治疗等实践领域尤为重要，有助于人们在户外场景中更便利地使用 AR 应用系统，使得心理学实践能够在更加多样化和真实的环境中进行，不仅促进了心理学研究方法的创新，也为心理治疗提供了新的工具和方法。

二、心理学研究中的 AR 技术概述

（一）主要研究方向

在国际范围内，基于 AR 技术的心理研究已经历了较长时间的发展。虽然我国对此领域的研究起步较晚，但国内外研究人员都在教育心理、心理治疗、认知心理、人际关系心理以及人因工程心理等多个子领域对 AR 技术的应用进行了广泛探索。这些研究不仅推动了心理学理论的发展，也为心理学的实际应用开辟了新的视角和方法。

1. 教育心理方向

教育心理学这一领域主要可以分为两大研究方向：教学心理学和学习心理学。在结合了 AR 技术的教学心理学领域，其研究趋势主要集中在空间技能、教学设计革新、智慧技能的改善，以及言语信息和认知策略等综合信息方面（Anastassova & Burkhardt，2009；Jee et al.，2014；Kaufmann & Schmalstieg，2003；Kerawalla et al.，2006）。第一，空间技能。Kaufmann 和 Schmalstieg（2003）的研究指出，"Studierstube" AR 系统（包括增强教室、投影教室、分布式混合教室和远程协作）有效提升了学生的几何建构能力和实验空间技能。第二，教学设计革新。教学设计革新的一个关键方面是利用 AR 沉浸式写作工具来提高学生的学习动机和兴趣（Jee et al.，2014）。这种技术的应用使得教育者能够在课堂上以更加生动和真实的方式模拟地球、太阳及日夜更替的知识点，为学生创造一个接近现实的学习环境（Kerawalla et al.，2006）。这些创新设计不仅具有划时代的意义，而且在改善视觉感官效果、增加辅助信息和提高人机交互能力方面也取得了显著成效（朱齐丹等，

2008）。第三，智慧技能的改善。智慧技能的提升得益于增强现实辅助教学系统（augmented reality assisted teaching system，ARATS）的应用，该系统能够在不拆卸零件的情况下，分享真实车辆配件的虚拟信息，特别适用于通常难以直接观察的部分，如液压自动变速器（Anastassova & Burkhardt，2009）。该系统显著提高了汽车培训人员的智慧技能，使他们能够更加深入地理解和分析复杂的机械结构，这种交互式学习方式不仅提高了培训效率，还增进了培训者对车辆内部机械构造的理解和认识。第四，言语信息和认知策略等综合信息。AR 学习心理领域的最新研究特别关注言语信息和认知策略等方面的学习，这些研究结果对于理解 AR 技术在教育中的应用具有重要意义（Borrero & Márquez，2012；Menozzi & Koga，2004）。特别是在数学与几何教学中，AR 技术的使用显示出其独特的优势和挑战。例如，在 AR 的移动背景中阅读文本，虽然能增加信息的丰富性，但同时也可能导致学生的认知负荷增加，甚至使他们对任务产生抱怨（Menozzi & Koga，2004），这一发现提示我们在设计 AR 教学内容时，也需要考虑到视觉呈现方式对学习效果的影响。另外，Borrero 和 Márquez（2012）通过由 10 名教师和 20 名学生组成的评估小组对西班牙韦尔瓦大学的基于 AR 的远程教育系统进行实际应用评估后发现，相比于传统实验室课程教学，这种教学方式在包括言语信息和认知策略在内的多个方面具有明显优势，由此强调了 AR 技术在提升教学质量和学习效果方面的潜力。

2. 心理治疗方向

心理治疗方向主要分为两大类：具体临床心理症状的治疗和治疗疗法的分析。个体独有的现实环境与构建的虚拟世界在心理治疗中交错或叠加出现。越来越多的心理治疗研究开始以严格的 AR 技术为平台（Botella et al.，2011；Juan & Joele，2011），让"虚拟人"或"虚拟演员"参与到被试的现实环境中，来访者把包括"虚拟人"在内的环境作为整个心理治疗环境。多数临床心理学研究集中于恐惧症的治疗，尤其是蟑螂恐惧症，这成为国外相关研究的重点。研究者使用游戏手机和 AR 暴露疗法对蟑螂恐惧症进行了个案研究，涵盖了来访者模式、AR 暴露、实践强化和认知挑战等方面，研究发现，来访者在不同情境下感知到的焦虑水平有所下降，这成为蟑螂恐惧症的主要治疗思路（Menozzi & Koga，2004）。该团队随后采用虚拟暴露疗法的小样本多基线设计，结果表明，来访者的所有测量指标均得到了改善

（Botella et al.，2010）。

3. 认知心理方向

认知心理学领域主要分为两大研究方向：一般认知心理学研究和神经网络研究。一般认知心理学的研究重点包括空间更新和认知负荷等方面。首先，空间更新。空间认知系统中存在与身体相关的信息处理模块，可以通过简单的指导语实现绑定于环境的空间信息与绑定于身体的空间信息之间的转换。这一结果不仅对我们理解空间认知机制具有重要意义，也为 AR 技术在空间认知训练中的应用提供了理论基础（Mou et al.，2004）。其次，认知负荷。AR 条件下的嵌入式培训研究表明，简单的引导和/或报警信息应出现在 AR 显示器上，以减少用户的认知负荷，并且不会影响用户完成主要任务（Kalawsky et al.，2000）。神经网络研究领域在最近几年取得了显著的突破性进展，尤其是在反向传播神经网络（backpropagation neural network）、脑-机界面（brain-machine interface，BMI）系统以及 AR 与认知神经技术结合等方面的研究，吸引了学界的广泛关注。首先，反向传播神经网络的研究。在 AR 系统中，追踪系统获取的数据常常包含非线性错误，为此，有研究提出使用反向传播神经网络来矫正这些错误。尽管反向传播神经网络可能面临局部极值和收敛速度慢的问题，但这些问题可以通过遗传算法来优化神经网络的初始加权和阈值，从而有效提高系统的准确性和效率（Feng & Chen，2006）。其次，BMI 系统的研究。BMI 系统利用大脑中的神经电生理信号来控制外部设备，如机器人手臂或电脑鼠标。在装载 BMI 的 AR 实验中，研究表明，用户可以通过大脑信号成功地控制代理机器人和操作设备，展示了 BMI 技术在人机交互领域的巨大潜力（Kansaku et al.，2010）。最后，AR 与认知神经技术结合的研究。特别值得一提的是，学者 Takano 等（2010）在 BMI 系统中利用脑电图（electroencephalography，EEG）（采用 P300 范式）实现了环境控制和信息交流，他们的研究发现，配备头盔立体显示器的 AR-BMI 系统对于治疗患有严重不自主运动疾病的患者具有积极的作用，从而为医疗领域提供了新的治疗途径。

4. 人际关系心理方向

人际关系研究领域主要包括人际互动研究、身体语言研究和人群行为研究等多个方面。在这些研究中，行为理解与互动学习开发-互动技术系统（behavioral understanding and interactive learning development-interaction technology system，

BUILD-IT）作为人际互动研究的典型案例，通过基于活动理论的 AR 技术，使用带有虚拟三维设备模型的物理砖块来促进互动，有效提升了个体的团队协作能力（Fjeld et al.，2002）。同时，AR 环境中整合身体语言的研究也受到广泛关注。这些研究基于身体活动，通过选择性偏好系统，对学习方法或技术进行了有效改进，对学术学习产生了积极影响（Hsiao & Rashvand，2011）。在人群行为研究方面，一个综合了刺激因素、心理因素和动作反应的模型，成为广受认可的研究框架（郑峰等，2009）。尽管在上述领域取得了一定进展，但人际关系领域的 AR 研究还未形成一套完整的研究体系，缺乏具有社会心理学意义的实质性研究。社会知觉、人际吸引、人际冲突以及群体行为事件预防等领域有望成为未来研究的新兴领域。

5. 人因工程心理方向

在国内外，人因工程心理研究主要集中在游戏心理、航空航天心理、汽车驾驶心理等领域，其中 AR 技术在人因工程心理学研究中已经成为一个重要领域。第一，游戏心理方面。AR 系统，如 TimeWarp 和城市行为研究系统是成熟的应用实例，其中，TimeWarp 结合了 3D 绘画技术和 AR 空间声音技术，为用户提供了丰富的游戏体验（McCall & Braun，2008）；而城市行为研究系统则通过设置初始位置、目标位置和关键注视点，可以使参与者产生身临其境的感觉，并做出相应的行为反应（Park et al.，2008）。第二，航空航天心理方面。航空航天心理学研究中，可穿戴式 AR 系统提升了航空人员的智能和感知能力，为建立新型人-机-环境关系提供了新的可能性（赵新灿，左洪福，2008）。在载人航天工程中，AR 技术的应用优势主要体现在直观观测被操作物体的实际运动与预测运动之间的差异、使用力反馈设备进行双向力传递和预测，以及实时获取虚拟辅助信息和操作提示等方面（郑耀等，2011）。第三，汽车驾驶心理方面。增强汽车系统通过将虚拟物体（如行人、车辆、危险物体及其他对象）叠加到实际驾驶环境中，不仅增强了用户的驾驶体验，而且多数用户对这种系统的舒适度给予了良好评价（Moussa et al.，2012）。

（二）AR 技术研究焦点：以自我运动的运动空间表征任务为例

1. AR 技术研究思路

基于大尺度空间环境的自我运动的运动空间表征任务的实验研究思路如下。

实验 A 采用 3（任务难度：高难度、中难度、低难度）×2（表征方式：整体、部分）×3（呈现方式：现实呈现、二维平面呈现、增强现实呈现）的混合实验设计，其中任务难度和表征方式为组内变量，呈现方式为组间变量，因变量包括反应时、准确率以及事件被选择的概率。实验材料和仪器包括现实运动空间表征材料、二维运动空间表征材料（由计算机呈现）、三维运动空间表征材料（由 AR 系统呈现，使用 Presentation 刺激呈现软件或 3D 建模）以及国产增强现实 PC（personal computer，个人计算机）梦想编辑器 TM 系统。实验要求被试以自身为参照，处于运动状态（如打篮球或骑室内自行车），并判断篮球或其他物体的细节特征。实验分为三组：第一组进行现实呈现实验，第二组进行二维平面呈现实验（俯视图），第三组进行 AR 呈现实验，基于 PC 梦想编辑器 TM 系统制作的 AR 显示设备提供附加的增强信息。AR 环境的三维场景通过 PC 梦想编辑器 TM 系统制作，被试与屏幕中心的距离为 2 米。实验 B 在实验 A 的基础上增加近红外脑成像仪，实验 C 则增加遥测式眼动仪，两者均与 AR 系统通过接口连接。

2. AR 系统的构建

AR 系统通过显示系统将虚拟实验环境、自动运动物体的虚拟设计以及被试的真实活动（如运球）叠加在同一空间关系中，实现了自我运动的运动空间表征 AR 体验。该 AR 系统采用 PC 梦想编辑器 TM 系统制作，主要包括标识卡和主程序两个部分。系统连接到一台高性能计算机上，配备摄像头、运动追踪设备、AR 显示系统、眼动仪和近红外脑成像仪。眼动仪和近红外脑成像仪通过专门设计的接口与 AR 显示系统相连。AR 显示系统的功能主要包括三个方面：一是作为表征实验练习系统；二是作为空间表征能力培训系统；三是作为实验模块的显示平台，呈现包含六种类别的空间认知材料，具体为高难度、中难度和低难度的整体空间认知材料，以及高难度、中难度和低难度的部分空间认知材料。在实验过程中，这些材料将以完全随机化的方式呈现给被试。

AR 技术作为一种前景广阔的 VR 技术，已经成为现代工程学、计算机科学、认知科学和人类学等多个领域的重要主题。在教育心理、心理治疗、认知心理、人际交往心理和人因工程心理等方面，AR 技术已经得到了积极的应用。该技术在心理研究中的优势主要体现在如下方面：突破小尺度空间研究范式，建立大尺度空间研究范式；创设真实环境与虚拟环境的叠加效应，提高实验的生态效度；在真实环境的基础上增加被试难以感知的特征，将某些认知猜想转化为外显的实验刺激；创建基于高级注册、标定、跟踪和融合技术的身临其境感，减少实验者效应；实施一些现实生活中由于道德约束而无法开展的心理治疗措施；可为个体提供不同的角色体验，优于传统的角色扮演；创造适合团队互动或小组治疗的虚拟团队，增加个体理解他人行为的可能性；将 AR 技术与认知神经科学结合，如与眼动技术、ERP（event-related potential，事件相关电位）、功能性近红外光谱技术等结合，促进心理研究在行为改变和实时脑内变化两个层面的发展。然而，该技术也存在一些不可回避的问题：AR 仅是一种技术或方法，如同心理统计学，不应以工具替代研究问题本身；研究范围狭窄，诸如广告与营销心理学、职业心理学、管理心理学、心理催眠等领域的研究不多；AR 在实现一些理想的设计构想或控制特定特征时尚未达到预期的理想效果，在实际应用中的效果仍然存在一定的不足；类似交互设备（如数据手套）的作用有限；"鲁棒性""配准误差"等技术瓶颈有待解决；VR 硬件设备及开发系统代价高。尽管存在这些问题，近年来成型系统的精确性已大幅提高。心理学研究通过 AR 系统解决心理问题，只要误差在可接受范围内，技术问题不会成为该技术在心理学领域应用的障碍。

第二节　AR 学习的教育心理理论支持背景

　　AR 是一种基于现代人机交互、智能传感、AI 等的新兴计算机技术。它是由 VR 技术衍生出来的新技术，但又与之有较大差异。该技术可以将计算机生成的三维虚拟物体、系统提示信息与客观场景信息叠加于真实场景中的人或物，可以增强和丰富用户对现实世界的心理感知。如今，在"互联网+"的时代背景下，AR 技术的应用范围越来越广，从市场营销到军事、会议展览等。这项技术与大数据、移动学习等智能化科技的结合越来越紧密，也越来越趋近于教育等领域。为了适应多元化的教学方式，推动科技与教育的深度融合，AR 技术的应用正在不断创新，以满足新型学习方式和现代教育理念的需求。AR 技术在教育领域的应用受到了更多的关注，主要体现在心智技能、教学设计和动作技能等教学心理方面，以及以认知策略为主的学习心理方面。

传统知识的学习主要以知识传授为价值取向，以重复训练为主要教学方式。AR 技术应用于教育领域，以情境为桥梁，将课堂与实际联系起来，变被动为主动，化抽象为形象。AR 技术支持学生进行自主协作的情境式学习，这种"情境转向"成为学习科学的重要背景，情境学习与建构主义理论构成学习环境设计的支撑性理论。按照情境学习理论的观点，情境是学习的根基，学习如果与真实情境（环境）相脱离，就没有存在的必要，学习发生于真实的社会活动中。情境学习理论提出的"学习是合法的边缘性参与"观点，挑战了认知信息加工观的主导地位，强调把个体的认知和学习"放在更大的物理和社会的境脉中"（戴维·H. 乔森纳，2002）。

学校情境学习的核心在于促进学习与真实世界的联结，重点是还原逼真情境，进而使学习过程与学生自身以及社会环境相关联（Lee & Butler, 2003）。近些年来，在国内外研究中，有关 AR 学习的应用案例不在少数，有数据表明，不少 AR 应用实验的目标人群集中在义务教育（小学与初中）阶段（31.6%），其中婴幼儿阶段的AR（7.9%）使用受制于婴幼儿自身条件的限制（于翠波等，2017）。但不论集中在哪几个教育阶段，AR 技术主要被应用于以探究学习过程规律为目的的学习心理、以探究学生课堂学习为目的的教学心理这两大方面。先前的研究以中学物理课堂中的实验为例，如单摆实验、牛顿第一定律实验和牛顿第二定律实验，进行了情境模拟展示（蔡苏等，2011）。学习者通过 VR 设备可以直观感受到课堂教学中所描述的各种实验场景。在此过程中，虚拟化的立体感信息更加形象，使学生易于理解那些仅凭抽象思维难以触及的图式结构。借助实验信息的实时反馈和良好的互动技术，学生能够在头脑中建构更为有效的学习模式。同时，实时感知和追踪不断变化的学习情境，能够为学习者提供情境化的学习资源，从而增强学生对学习的控制感。在这一过程中，教学问题转化为学生对空间的体验，并通过虚拟化描述处理逻辑问题，达成空间学习的感知化目标。操作活动在语言层次上展开、合并，最终实现自动化，整个实践模式向内部转化，有助于提升学习技能的灵活性。

AR 技术已成为推动"逼真"情境学习快速发展的关键平台。在这种新的学习模式下，情境学习理论指导整个学习过程，将学习活动从传统教室转移到更具情境性的环境中，同时利用移动 AR 技术的特点来支持和丰富情境学习，从而实现学习形式的多样化。在这一框架下，学习者将智能设备作为辅助工具，通过考察验证、协作互动等灵活多样的方法构建知识。移动设备与 AR 技术的结合不仅增强了学习者的兴趣，激发了他们主动探索的热情，也为教师提供了更加灵活的教学方法和策略。AR 技术在教育领域的应用，极大地丰富了教与学过程，使其更加生动、互动和高效。

英语课堂所使用的 Kinect 体感交互技术通过创设虚拟交互情境、开展角色扮演活动等，在提升学生学习兴趣的同时又增强了学生学习的沉浸感（廖宏建，2014）。选择并扮演不同的角色是学生从不同视角（情境）认识和解决问题的重要途径，而 AR 技术的混合使用可以让角色扮演者获得更真实的体验。21 世纪以来的 20 多年中，除了传统的角色理论、建构主义理论和人本理论外，国内外的 AR 学习研究主要基于以下教育心理理论。

一、联通主义学习理论

与早期的行为主义和认知主义教育心理流派相比，联通主义学习理论具有不同的核心观点，尤其是在知识的组织和信息处理方式上。联通主义理论强调学习是通过神经元之间的连接和强化进行的，它并不完全侧重于个体对信息的接受，而是通过神经元网络的互动和连接来形成认知结构（Rumelhart et al.，1986）。学习被视为神经元连接的变化过程，其中知识并非静态存储，而是通过连接和网络的动态调整不断变化与重构的。联通主义关注的是学习的并行性和分布性，认为知识的形成是由多个节点（神经元）间的交互和联结实现的，而不仅仅是单个个体经验的积累。AR 技术可以有效地支持这一网络化的学习模式，通过将空间、技术、人与知识系统结合起来，创造了一个能够促进学习者在不同节点间自由流通和转换信息的动态环境。AR 技术通过构建这种开放式、互动性的学习平台，推动了知识的共享、重构和即时应用，符合联通主义理论中强调的学习网络化特征。

二、情境认知理论

情境认知理论认为，学习是一个与特定社会、文化和环境情境密切相关的过程，知识并非抽象存在于个体头脑中，而是通过与环境、他人和社会实践的互动形成及应用的。该理论强调学习是通过学习者在实际任务或活动中的参与来实现的，主张"做中学"，即通过参与真实世界的活动或任务，学习者能够更好地理解和掌握知识（Jenlink & Austin，2013）。AR 技术通过将虚拟的信息叠加到真实的学习情境中，沉浸在这种虚实结合的学习情境中，具备了认知活动的真实性。学习主体能够直观感受到学习事物的形象性，增加与周围事物的互动。在这种相互影响下，学习主体与学习情境不断变化，有助于学习主体深刻理解和掌握学习内容。

三、自主学习理论

自主学习理论强调学习者主动掌控自己的学习过程，学习者不仅需要负责设定学习目标、选择学习内容和策略，还需要调节自己的学习行为和评估学习成果（Towle & Cottrell，1996）。换句话说，学习不应仅依赖外部指导，还应通过个体的自我管理和内在动机来实现有效学习。自主学习要求学习者具备高度的自我调节能力，包括情感调节、时间管理、学习策略选择和调整等。通过这一过程，学习者不仅能够更好地理解和掌握知识，还能发展出持续学习和解决问题的能力。结合AR 技术，学习者能够通过情境感知增强对学习环境的真实体验，从而促进知识的构建与深化理解。AR 技术通过提供身临其境的互动体验，使学习者能够在虚拟或增强的现实环境中进行探索，激发他们的兴趣与动机，增强学习的沉浸感与参与感。在这一环境中，学习者不仅能够感知学习任务的现实性与关联性，还能自由调整学习进程，提高对学习过程的控制感与愉悦感，从而更有效地促进自主学习。

第三节　AR 学习研究的研究视角

在 AR 学习研究的领域中，学者们从多个视角探讨了其对学习过程的影响和作用机制。不同的理论框架提供了对 AR 学习现象的不同解读和理解，揭示了这一新兴技术如何与学习者的感知、认知、情感及行为交互等方面相互作用。本节将从四个主要的研究视角出发，详细探讨 AR 学习的多维度特性及其对学习体验的塑造。

一、统感视角

从统感视角来看，虚拟客体和真实客体的感觉输入在 AR 学习环境中经过加工后，会增强学习者的临场感和存在感，从而增强其对环境的直觉认知。虚拟客体是指在 AR 系统中由计算机生成并与现实环境融合的虚拟元素，这些虚拟物体或图像可根据学习者的动作、位置或交互进行实时更新和变化。通过这些虚拟客体，学习者能够与数字信息交互，仿佛它们是现实环境的一部分。这种高度沉浸感使学习者能够更深入地体验和感知学习内容，提升他们对环境的真实主观感受，并在认知与情感层面产生更深刻的共鸣。AR 技术的多感官刺激（如视觉、听觉及触觉等）通过无缝整合虚拟与现实元素，使学习者在虚拟空间中的互动更加自然和直观，从而培养其替代性学习能力。具体而言，学习者可以在 AR 环境中进行主动探索和操作，进而更深刻地理解复杂知识，并在记忆、言语、思维和行为反应等方面发生显著变化，不仅有助于提升学习效率，也有助于提升自己在真实世界中应对复杂问题时的适应能力和解决能力。

二、知情交互视角

从知情交互视角来看，利用 AR 技术为学生营造宽松的学习氛围，能够有效激发学生的学习兴趣。通过互动和沉浸式体验，学生不仅能够在真实感十足的学习环境中自由探索，还能够通过与虚拟元素的互动获得及时反馈，这种交互方式有助于激发他们的主动学习态度。学生所体验到的真实学习环境能深刻影响他们的科学认知，促进他们对学科内容的深入理解，并在此过程中逐步改变学习风格，推动他们从被动接受转向主动探究与思考。

三、心理理论视角

心理理论是指个体通过推演他人的心理状态（如信念、欲望、意图等），并基于此理解和预测他人行为的认知能力（Premack & Woodruff，1978）。AR 的沉浸式特征有助于学习者产生身临其境的感觉，使其能够以真实的自我角色参与其中，进而在虚拟环境中模拟和体验他人的心理状态。通过这种方式，AR 提供了一个动态学习平台，让学习者在情境中实践心理理论，理解他人行为背后的心理动机。AR 可被视为"最完美的情境学习脚手架"，可为学习者提供既真实又互动的学习情境，使他们得以在多样化的社会情境中深入理解与实践心理理论。通过 AR 技术，学习者不仅能够在虚拟情境中观察他人行为，还能够参与他人决策过程，从而促进其社会认知和心理理论能力的发展。

四、具身视角

具身认知理论认为，个体的思维、感知和行为是通过身体的感官和动作与外部环境不断交互的结果（Foglia & Wilson，2013）。这一理论引发了对具身教育的深入思考，而具身教育环境则是其实施的先决条件。具身教育强调，学习不仅仅是一个抽象的认知过程，更是通过身体与环境的互动促进知识的构建和理解。在此背景下，AR 技术提供了一种创新的解决方案，融合了实体环境与虚拟环境的混合学习情境，恰好满足了具身学习环境的基本要求。AR 技术将虚拟信息与现实世界无缝结合，创造了一个动态互动的学习场景，使学习者能够通过身体动作和感知与环境实时互动，从而增强了学习者学习体验的沉浸感和真实性。具身学习环境与日常生活经验密切相关，能够让学习者在与周围环境互动中，通过肢体参与完成知识的获取与理解。例如，在 AR 技术的支持下，学习者能够通过手势、身体姿势等肢体动作与虚拟元素互动，这不仅有助于加深学习者对学习内容的实际感受，也有助于他们更深刻地理解学习内容背后的理论意义。在具身学习情境中，学习者不再是被动的知识接收者，而是通过全身的感官和动作积极参与学习，从而提高对所学内容的理解与记忆水平。通过身体感知、肢体动作和空间互动，学习者能够理解抽象的理论和知识。

具身学习不仅关注知识的传授，更强调知识的内化过程。通过身体的动作与环境的互动，学习者能够将理论与实践相结合，进而在实际情境中加深对知识的掌握和应用。这种创新的学习环境突破了传统教育中知识传递的局限，开辟了更加生动、互动和沉浸的学习体验，促进学习者在更接近真实世界的情境中进行深度认知加工与能力提升。

第四节　AR 学习在教育教学心理领域应用的
优势与展望

　　无论从教学心理还是从学生心理来看，AR 技术均得到了广泛应用，但仍存在着不少问题，具体如下。第一，不少研究者一味追求 AR 学习的技术手段，很少和教育教学理念相结合，有关教育机制和心理机制的研究较为缺乏。第二，一线教师利用 AR 技术的教学理念较薄弱，AR 课程资源不易获取，利用率低，在现阶段未能全面、充分地考虑学习者的个体差异。无论是从教师角度还是从学习者角度来看，教学设计层面如何发挥 AR 技术的优势显得非常重要。比如，利用 AR 技术创设教学中的真实情境，成为教学设计中使 AR 学习整体优势得到充分发挥的重要抓手。虽然存在不少问题，但是 AR 学习的优势较为明显。

　　基于美国的《2010 年国家教育技术计划》(National Educational Technology Plan 2010)，有研究者提出了"技术赋能的学习"模型，该模型强调技术支撑和学习者为中心的理念（Ertmer & Ottenbreit-Leftwich，2013）。在这一模型中，AR 技术不仅能够使学生真正进入逼真情境，扮演真实角色，开展相关活动，实现多种学习方式的自由转换，还为教师提供了将内隐知识外显化的可能，进而有助于提升教学效果。AR 技术的支持不仅为学生的情境学习赋能，也为教师的情境教学赋能（王美等，2018）。尽管 AR 技术是一种相对新兴的技术，并且与教育教学相结合的时间较短，但由于其与教育心理理论（如具身认知、情境认知等）高度契合，且具有交互性、虚实结合等独特优势，国内外教育领域越来越重视 AR 技术的应用。如今，几乎每个教育阶段都有 AR 技术应用的实际范例。AR 技术不仅能够增强学生的参与感和沉浸感，还能够促进学生在复杂情境中的深度学习与思维发展，进一步拓展了教育的边界。然而，AR 技术的优势并不限于此，它还能够通过提升学习体验、优化教学设计和促进个性化学习等，推动教育模式的创新与变革。

一、无缝融合学习空间

AR 学习可以让学习者凭借图像型的跟踪技术在虚拟和真实的两种环境泛在、无缝地转换，生成一个以学习者为中心的无缝融合学习空间，以促进无缝学习。结合肖君等（2015）提供的无缝学习空间的应用范例，未来的研究有助于实现学习者与 AR 技术的最优化整合，促使现有学习范式发生转变（Siegel，1981）。同时，情境学习理论对学习情境提出了新的定位，认为学习者在学习过程中不仅要与所处社会文化环境进行互动，也应该与物理环境进行实时互动，这种"逼真情境"有助于学习者更深刻地获得知识和技能（王文静，2002）。

二、大尺度空间的积极构建

大尺度空间的建立有助于提升学习研究的生态效度，通过学习手段的变革，促使学生进行自主学习，进而改善学生的学业情绪。AR 学习研究属于大尺度空间研究的一部分（Acredolo，1981；肖君等，2015；游旭群，赵小军，2015），主要关注学习者的认知。这类研究通过构建不同学习环境下的认知策略，帮助学习者在记忆中有效存取、复述、精细加工和组织信息。例如，专为儿童设计的"泡泡星球"游戏便是这一理念的典型代表（Lee & Butler，2003）。AR 学习旨在通过 AR 技术构建的学习环境，增强学习者对学习过程的控制感和价值评价，并利用大尺度空间的构建调整学习目标的结构。

三、沉浸学习与移动学习效用的最大化

在沉浸状态中，学习者通常会感到自己的行为富有意义，并能够主动控制意识，集中注意力于特定目标。基于 AR 技术的体验式学习环境通过丰富且自然的

交互方式，有助于增强学习者的沉浸感，为其提供及时反馈和个性化指导，从而激发学习者的内在学习动机。体验式学习通过情境展示来呈现信息，这种情境更加贴近现实世界，有助于提高学习的实用性和有效性，从而促进知识的建构。与此同时，AR 技术与移动设备的结合，使得学习设备更加小型、便携，使用户不再受限于特定环境，这就增加了创新产生的可能，有助于促进学生创造力的提升，还可为教师提供更加灵活多样的教学策略。

四、数字化课堂支撑的思维、情感和行为的多元能力参与

AR 可以提供数字化的课堂学习氛围，同时有利于学生思维、情感和行为的多元参与。AR 教学有助于优化学习情境，开发情境课程，实施情境教学。这种教学模式能有效激发学生思维的灵活性，增加师生的互动，从而使学生的思维、情感、行为等多方面得到发展。AR 学习是弥补传统在线学习不足的一种重要新生力量。随着社会对在线学习需求的不断增长，AR 学习势必成为现代社会一种重要的学习方式。

第三章

高效率学习视域下 AR 学习在数字化教学模式改革中的应用

AR 源于 VR，但与 VR 不同，它通过将计算机生成的图形、文字和注释等虚拟信息与真实场景融合，增强了用户的视听体验。周森和尹邦满（2017）认为，AR 技术是一种教育方式，然而，AR 技术在教育行业广泛应用时还需考虑学生的学业情绪。学业情绪是学生学习活动的重要组成部分，也是教师了解学生状态的关键途径，对师生互动具有重要影响。积极学业情绪有助于学生保持健康的学习状态（孙芳萍，陈传锋，2010）。以往研究主要关注如何促进积极学业情绪的产生，而较少在数字化教学模式改革背景下探讨学生的学业情绪。随着 AR 技术的迅速发展，越来越多的教育学和心理学学者开始研究 AR 技术在教育中的应用。与传统课堂相比，AR 技术能够提高学生的学习动机（蔡健，2017）。传统课堂教学中，学生所学知识主要来源于书本和教师。而在数字化教学时代背景下，教育需与时俱进。AR 技术的加入为学生创造了积极的学习环境，对于提升学生的学习体验具有重要的现实意义和应用价值。

第一节　AR 学习与学业情绪

一、AR 技术与学习

早在 20 世纪 70 年代，虚拟物体与用户进行交互的技术就已经出现（陈向东，蒋中望，2012）。20 世纪 90 年代，美国波音公司的 Tom Caudell 和 David Mizell 首次明确提出了"增强现实"概念，即将虚拟事物叠加到真实环境中（史晓刚等，2021）。这一概念提出后，越来越多的学者开始关注 AR 并对其内涵进行了界定，例如，Milgram 等认为，增强现实、增强虚拟分别趋近于真实环境和虚拟环境，是截然不同的两个概念（Milgram et al.，1995）。1997 年，Azuma 提出了 AR 的三要素：虚实结合、实时交互与三维配准（Azuma，1997）。综上所述，每个学者对于 AR 的理解有一定差异，Caudell 和 Mizell 是根据 AR 的性质进行定义的，Milgram 等是针对 AR 与 VR 的区别进行定义的，而 Azuma 的定义更加偏向于 AR 的特点、功能等方面。总之，AR 技术可以通过智能手段增强人们对真实事物的感知。而对于 AR 学习，学界尚未给出详细的界定，我们可以将其理解为通过将 AR 技术与学习相结合，学生通过 AR 平台进入高度真实的情境，在与动态、立体模型的交互中进行的学习，这种学习方式可以为学生带来沉浸式的学习体验。

近年来，AR 技术来势汹汹，受到了社会各界的关注，从事教育的工作者抓住机遇，旨在为教育事业助力（Cuendet et al.，2013；Santos et al.，2013）。当前，在学者与技术人员的共同努力下，AR 技术的研发与应用取得了大量的成果，出现了 AR 技术与纸质图书的结合，即将 3D 模型、视频等叠加到书籍材料中，学生可以获得真实的阅读体验（Martín-Gutiérrez et al.，2015；赵晓嬿，2019）；在最初笨重的头戴式 AR 设备的基础上，还出现了更为方便的手持式、桌面式 AR 设备（李轶，

2018）。此外，包括 AR 电子书、动画卡片、语言卡片、涂涂乐在内的 AR 教育游戏也都被开发了出来（汪存友，程彤，2016）。基于 AR 游戏的教育方法不仅可以改善学生的学习态度，而且可以改善学生在现实中的学习成绩（Hwang et al.，2016）。目前 AR 教育游戏涉及的教育内容涵盖了英语、数学、物理等许多学科，但总体而言，我国在 AR 技术的教育应用方面还处于起步阶段，相关的实验研究数量少，未能对 AR 技术的教育或心理价值进行充分的评估。

二、学业情绪

在心理学中，情绪是与特定的事物、情境有关的一种内心感受和体验。学业情绪最初由 Pekrun 等提出，是指与学校教学及学业成就直接相联系的情绪（Pekrun et al.，2002）。董妍和俞国良在此基础上进行了延伸，认为学业情绪并不局限于学校和课堂，是指与学生相关的各种情绪（董妍，俞国良，2007）。综上，对学生的学习状态、学习成效有直接影响的情绪都可以被称为学业情绪。之后，学者又将学业情绪细分到各个学科进行相关研究，取得了较多的成果。

虽然学业成绩是衡量学生学习效果的标准之一，但已有研究表明积极学业情绪和学业成绩呈正相关（赵淑媛等，2012），并且学业情绪能够直接影响学业成绩（陈京军，李三福，2012；刘影，桑标，2020），或者以自我效能感（柳林，2017）、自我概念（陈京军等，2014）等为中介变量间接正向预测学业成绩；反过来，学业成绩又能影响学业情绪（姜召彩，徐兆军，2017）。此外，学生的学业情绪与心理健康显著相关（王芳，崔丽莹，2017）。因此，在教育实践中，重视学生的学业情绪调节，不仅能够促进学业成绩的提升，还能够提高学生的心理健康水平，进而为其全面发展提供支持。

第二节   AR 学习激发积极学业情绪的内在特点

AR 学习激发积极学业情绪的过程通过三个逐步推进的阶段实现，每个阶段在激发学生情感和参与度方面发挥着重要作用。第一阶段为教学吸引，其核心目标是通过 AR 技术的互动性和沉浸感吸引学生的注意力，并促使其投入学习活动。在此阶段，AR 通过生动的视觉效果和情境模拟，激发学生对学习内容的初步兴趣，将枯燥的学术知识转化为具有体验感的学习场景，有效捕捉学生注意力，为后续的情感参与奠定基础。第二阶段为兴趣激发，该阶段着重于 AR 技术在激发学生学习兴趣方面的作用。通过提供高度互动和自我探索的空间，AR 使学生能够在实践中加深对学科内容的理解和兴趣。沉浸式的学习体验让学生感到学习既有趣又富有挑战性，从而增强其内在动机。在这一过程中，学生获得的成就感和满足感进一步激发他们对学习的渴望，进而促使其产生更积极的学业情绪。第三阶段为实时反馈，在这一阶段，AR 技术通过即时反馈帮助学生识别学习进展，并调整学习策略。AR 平台提供的实时评估，使学生在学习过程中不断获得反馈，不仅能指导他们改进学习方法，还能增强他们的自信心和自我效能感。当学生感受到进步时，他们的成就感和满足感增强，这进一步促进其积极学业情绪的产生。

一、教学吸引

在教学中，为了促进积极学业情绪的产生，要注重在结合教学内容的基础上增加教学的新颖性、趣味性。随着现代科技的飞速发展，利用现代数字化教学技术，学生可以接收到的教育信息的范围比以往更深、更广。早有研究者将 AR 游戏与学习结合起来，以动态、3D 的形式演示教学内容，以青少年学生为例，采用 AR 教育游戏学习方式有助于调动学生学习数学的积极性，进而提高他们的数学学习效率（Bujak et al.，2013）。相较于传统学习方式，学生使用 AR 的 3D 技术学习飞行原理、圆明园导览系统等知识类课程时对相关知识的理解更好。对于一些汽修、化工类的实操类课程，有了 AR 模型的仿真练习，学生在真实操作中出现失误的情况大幅度减少，学习效率明显提高。对于学生个体而言，教育游戏可以激发学生学习的热情（Hwang et al.，2016），进而提高其学习动机（Burguillo，2010）。因此，教师应重视开展新颖、有趣的教学活动，仅靠书本能提供的知识较为有限，并且这类知识多为理论性的，而 AR 辅助下的课堂教学不仅可以促进学生对抽象学科知识的理解、调动学生的积极性，而且可以提高学生的动手能力，对于培养学生的发散思维、提高学生的空间认知能力有很大帮助，能够间接影响学生创造力的发挥。

二、兴趣激发

当学生认为学习任务有意义，自己有能力、有兴趣时才会产生积极的高唤醒情绪，如高兴、自豪等（徐先彩，龚少英，2009），这是积极学业情绪的重要表现。因此，教师应该在保证教学内容和质量适宜性的情况下，激发学生的学习兴趣。兴趣是一种有效的教学手段，学生更加偏好有趣的课堂，具有学习兴趣的学生会更积极地参与学习。因此，数学、物理学科中相对枯燥、乏味的文字、公式似乎成为 AR 技术与教学相结合的巨大连接点，AR 将其变得立体、形象、有趣，这种全新的课堂体验可以在很大程度上吸引学生的眼球，引起学生更多的兴趣，从而最大限度地提高学习效果（Hsiao et al.，2016）。化学等类似涉及实验、分子结构的科目，也给了 AR 技术较大的发挥空间（许梦幻，李小平，2018）。AR 技术的人机交互、3D 显示等特点，可以有效激发学生的学习兴趣，学生在积极的环境下学习，自然会产生良好的学业情绪。

三、实时反馈

学习结果的及时反馈可以使学生了解自己的学习状况，这通常被认为是一种强化，能够调动学生学习的积极性，有效的反馈能激发学生的学习动机，促进积极学业情绪的产生。在线学习的实验表明，相对于无反馈组，反馈组的学生学习效果更好，并且反馈越精细，越有利于学生的学习（韩晓玲等，2020）。AR 产品融合了实时追踪与反馈技术，可用于辅助学习，同时能及时接收关于学生学习状态的相关信息并将其反馈给学生，为害怕在课堂上发言的学生提供了帮助（林晓凡等，2019）。物理凸透镜成像实验发现，AR 教育对于成绩较低的学生有更大的影响，在一定程度上可以缩小学生间的学习差距（许梦幻，李小平，2018）。而学习成绩与学业情绪呈正相关（姜召彩，徐兆军，2017），积极学习结果的反馈可以改善"差生"普遍存在的消极学业情绪（俞国良，董妍，2006）。

第三节　AR 学习促进学生高效率学习的机制

AR 技术应用于教育的目的是促进学生学习或帮助学生理解所学的知识，在总结 AR 技术促进学生学习的理论基础上，探讨 AR 激发积极学业情绪的原因、方法，有利于充分评估 AR 技术的教育价值，以揭示 AR 技术应用于教育与心理领域的思路。AR 技术生成的 AR 学习促进学生高效率学习的机制体现在三个层面："做中学"的实践、"抛锚式"的引导和"情境化"的拓展。

一、"做中学"的实践

"做中学"的思路为 AR 技术促进学生学习提供了一定的理论支持,"做中学"主要强调的是"做",即在学习理论的过程中给学生提供真实的环境。杜威认为"从做中学",就是从活动、经验中学,主张个体通过参与活动,从经验中积累知识(陈荣等,2020)。传统的课堂以教师、课本为中心,学生的主动性受到一定限制,教育教学应该拓展的就是让学生有机会参与到活动中去,亲自接触事物,运用各种感官感知事物,根据所获得的知识思考问题,最终解决问题(陈向东,蒋中望,2012)。这对于传统课堂无疑是非常大的考验,需要消耗大量的财力和精力。而将 AR 技术应用于课堂,学生可以与虚拟和真实的对象进行交互(Squire & Klopfer,2007),主观选择 AR 提供的视、听觉信息。学生亲身参与到学习的过程中,由此成为学习的主体,有更强的参与感,实现做学结合,有助于提高学生的注意力、动机及对学习内容的卷入程度,从而使教学更有意义(王罗那,2020)。

二、"抛锚式"的引导

所谓的"锚"即真实的事件或问题,学生提前学习相似的情境,可以使学生在真正进行学习时发生自然的迁移(吴玉平,张伟平,2014),这种教学不仅要求学生听教师间接的讲解,还要求学生在情境中感受问题,而 AR 技术可以在现实的基础上结合立体模型等为学生带来生动、形象的内容,创设教学所需要的真实情境,这是一次课堂教学的大改革,代替了以往教学中采用 2D 的板书、多媒体、书面文字创设情境的方法,在帮助学生更好地理解知识的同时,能够激起学生更强烈的学习兴趣(Cai et al.,2014)。

三、"情境化"的拓展

　　学习是一个主动的建构过程，建构主义学习观强调学习的情境性，这意味着在教学中创设适宜的学习情境对于学生而言至关重要，这样的情境有助于学生深刻理解学习内容的内在性质和规律，并将其与原有的认知图式产生联系，不仅促进了知识的顺应或同化，也加深了学生对知识的整体理解（晏湧，2013）。出于时间、财力、安全性等方面的考虑，传统课堂很难走出教室。而 AR 能够通过虚实结合技术，在不受时间、地点限制的情况下帮助学生"身临其境"（Chiang et al.，2014），为学生提供真实的情境体验，学生在与真实环境互动的过程中建立了新旧知识之间快速且深刻的联结，有助于提高学习成绩（刘琦等，2017）。同时，相较于传统教学，AR 教学具有更高的灵活性，师生间拥有更多的互动，其立体内容的呈现、人机实时交互的特点可以使学生自然地参与到学习中，促使学生主动学习并建构新知识（王德宇等，2016）。另外，学生在与 AR 技术生成的 3D 影像和音频互动的过程中，可以将学习内容与身体运动相结合，实现具身学习。在身心一体的学习情境下，学生能够获得更为丰富的学习体验，从而促进积极学业情绪的产生（Bujak et al.，2013）。

第四节　AR 学习现存问题及未来展望

一、AR 技术与 AR 学习应用的需求之间的差异

　　尽管 AR 技术有诸多的优点，但在广泛推广的过程中，还有一些问题值得注

意。首先，AR 教材的开发难度大、成本高，对技术人员的专业要求比较高，需要技术人员具备较高的编程能力、图像设计能力等（赵晓嬿，2019），还需要掌握教育内容、规律、方法的教育专家的帮助，这进一步加大了 AR 教材的开发成本和难度（刘红霞，2019）。其次，AR 技术广泛应用于教学，需保证 3D 显示屏场景逼真、摄像头识别能力强、设备辐射少等，因此，各项设备还有待完善（李国良等，2019）。最后，网络速度慢、不稳定也是影响 AR 广泛应用的重要因素（鲁文娟，2019）。技术的缺陷会影响学生使用 AR 学习的体验，进而影响其学业情绪、学习效果。但是，随着科技的快速发展，相信技术方面的问题将逐渐得到解决。

二、AR 教学资源的相对匮乏与教师教学设计能力的薄弱

实验发现，相较于 AR 系统自学组、解说体验组，AR 系统和解说共同辅助组的学生学习效果更好，表明教师在 AR 教学中的作用不容忽视（Huang et al., 2016）。如今，AR 相关的软件资源库还未成熟建立，碎片化问题严重，教师要想在此条件下结合 AR 技术组织出优秀的教学内容，不仅需要懂得学科知识，还需要掌握 AR 的基本原理、知识技能（Huang et al., 2016；曹知，丁晓娥，2019；鲁文娟，2019）。在今后的教学中，教师还要改变传统的教学模式，掌握 AR 技术与教学内容相结合的方法，重视 AR 学习中的教学设计，从而因材施教，以充分发挥 AR 技术的作用，提升学生的学习动机与学习成效（李轶，2018），这无疑对教师提出了更高的要求。因此，未来需要加强 AR 教学教师专业人才库建设，提高其将 AR 技术与课程设计相结合的能力，最终促进 AR 教学质量的提升。

三、AR 学习的学习者分析应该引起关注

AR 可以提供的信息较多，因而会占用学生较多的认知资源，学生若不能抓住课程学习的重点，其认知负荷就会增加（周森，尹邦满，2017）。因此，在教学中，

教师的教学设计和教学引导非常重要。有实验表明，如果学生有一定的信息技术能力，那么 AR 学习就容易使他们产生积极情绪，反之就容易使他们产生消极情绪（许梦幻，李小平，2018）。另外，在 AR 技术应用过程中，学生对手机、平板电脑等移动设备的过度依赖等问题不容忽视，这一方面会对学生的视力造成伤害，另一方面，学生可能会变成"低头族"，疏于锻炼和交际，进而影响他们的身心健康（孙文涛，2017）。因此，针对不同年龄段的学生，可以通过设立"时间锁"来限制他们每天使用 AR 学习的时间，具体而言，教师和家长应根据学生的学习需要与身心发展情况，合理规划 AR 学习的时长，避免学生过度沉浸于虚拟世界，帮助他们保持身心健康，提升学习效率，并确保他们能在现实生活中进行足够的社交和体育活动（孙文涛，2017）。

综上所述，AR 已被逐渐应用于教育领域的各个方面，尽管 AR 技术在应用的过程中还存在许多问题，但不可否认的是，它带给学生的沉浸式视觉体验、丰富的课堂内容、逼真的交互作用是不可替代的，未来的研究可以更多关注 AR 学习在应用方面的实证研究，如 AR 技术作用于学生后其学业情绪产生的变化。此外，通过结合教育实践，我们可以逐一解决 AR 应用过程中遇到的众多问题，从而不断优化 AR 学习模式，这不仅能够推动学习科学的发展，也必将为教育实践开启崭新的篇章。

第四章

基于高效率学习科学的 AR 多媒体学习心理特征和心理机制

　　随着信息时代的到来,社会变革对个人的学习、工作产生了深远影响。传统教学方式依赖于纸质材料和平面多媒体,其静态性和封闭性在一定程度上限制了学习效果,难以满足信息时代的学习需求。因此,VR 技术应运而生,虽在教育领域取得了一定成果,但面临设备成本高、难以移动以及使用者可能出现不良生理反应等问题。在此背景下,AR 技术作为 VR 技术的延伸,通过融合虚拟信息与真实场景,增强了用户的视听体验,因而逐渐受到关注。在教学过程中,AR 技术与传统多媒体技术相结合,使学习者能同时利用多种感觉通道加工和处理信息,进而提高学习效果。AR 多媒体学习已被逐渐应用于学校教学和实证研究中,可对个体的学习成效产生积极影响。本章将从 AR 多媒体学习角度出发,整理相关文献,探讨 AR 技术在多媒体学习领域的心理特征及其心理机制,并分析其在教育学习领域的不足之处,为 AR 技术在教育领域的发展提供相应建议。

第一节　AR 多媒体学习的心理特征

在现代教育技术的推动下，AR 多媒体学习逐渐成为一种创新且高效的学习方式。与传统学习方式相比，AR 多媒体学习不仅在内容呈现上更为生动直观，还通过其独特的交互性和反馈机制激发学习者的兴趣与主动性。AR 多媒体学习使得学习过程更加情境化，学习者能够在虚拟与现实之间切换，从而加深对知识的理解与记忆。本节将重点探讨 AR 多媒体学习的心理特征。

一、学习情境化

情境学习认知理论指出，知识作为一种动态的组织，是学习者和环境交互作用的结果。学习应以学习者为主体，把学习内容与真实的学习情境结合起来，从而将学习者、学习内容和学习者所处的真实环境三者合理地建构起来（王文静，2002）。AR 多媒体学习可以利用相关技术使虚拟信息和真实环境结合起来，使学习内容以 3D 的形式呈现在学习者的面前，并且结合听觉、视觉等多种感觉通道的反馈，让学习者利用 3D 模型的可视化效果增强对学习内容的感知能力，从而获得具体、直接的经验，实现情境化学习。

传统学习方式存在的主要局限之一就是，学习者在学习过程中相对脱离了实际的学习情境，导致学习者对所学内容的迁移能力不足（刘德建等，2016）。而 AR 技术可以将学习内容以最直观的形式表现出来，帮助学习者实现情境式学习。在这个学习过程中，学习者不仅可以从不同角度观看以 3D 模型呈现的学习内容，也可以将虚拟的学习内容与现实生活环境结合起来，从而不断强化学习知识和学习情境之间的联结，加深学习者对学习内容的表象加工和深入理解，提高学习者的知识迁移能力（Jerry & Aaron，2010；蔡苏等，2016）。

此外，有研究表明 AR 技术对学前阶段儿童和高中学段学生的学习效果影响较为明显（乜勇，万文静，2021；倪慧文，胡永斌，2019）。在学前阶段儿童的学习过程中，大部分儿童处于前运算阶段，其智力发展水平和认知能力较低，因此可以借助 AR 技术这一辅助手段，将抽象的、难以理解的学习内容以直观且可视化的方式呈现出来，使儿童能够相对容易地获取直接经验，从而大大降低学习内容的难度并提高学习的效果（Yousef，2021）。而对于高中学段的学生，教师可以利用 AR 技术营造相对宽松的教学氛围，并将难以理解的知识理论与具体情境相结合，这不仅会对学生的学习效果产生积极影响，而且有助于提高学生的高阶思维能力（倪慧文，胡永斌，2019；张四方，江家发，2018）。

二、高互动性和高反馈性

AR 技术能增强学习者与学习内容的互动性，进而促进学习者学习效果的改善，与此同时，其高互动性特点也可以使学习者及时且有效地接收到学习效果的反馈。在传统学习过程中，学习者与学习内容之间的互动性和反馈性一直是教育中的难题。在以往的学习方式和教学手段中，学习者大多数仅仅通过视觉和听觉这两种感觉通道对学习内容进行加工，虽然也具有一定的互动性和反馈性，但是由于信息呈现的虚拟性和二维性，仍具有一定的局限。而 AR 技术的应用在一定程度上增强了学习者和学习内容之间的互动性。AR 技术可以让学习者控制并操纵 3D 模型，从而让学习者融入学习任务中，与学习内容进行互动。研究表明，当使用 AR 技术呈现学习内容时，学习者更喜欢对学习内容产生指向、回应、检查等高互动性行为。此外，AR 技术也解决了学校因设备过于昂贵等而不能提供的有关教学资源的一系列问题，例如，复杂的实验室设备。

AR 技术使虚拟信息在现实世界的呈现趋向多模态化（Bower et al.，2014）。除了视听信息外，AR 技术还可以将嗅觉、触觉等多种信息融入现实情境中，增强模拟仿真度。对于学习者而言，AR 技术能够将学习任务实时投射到现实学习环境中，不仅能够直接提供重要且与上下文相关的学习内容，使学习者能够立即采取学习行动，减少从操作指令到完成任务的转换时间和认知负荷（Billinghurst & Kato，2002；Regenbrecht et al.，2005），还能够及时反馈学习效果。例如，在驾驶员培训（Regenbrecht et al.，2005）和手术练习（Cristancho et al.，2011）等学习中，当学习者发生错误时，AR 技术不仅通过视听方式反馈结果，还能呈现嗅觉、触觉等多种反馈信息，提供更真实的反馈体验。这样，学习者可以不断进行练习，直到成功解决学习任务和问题。这种高互动性和高反馈性是传统纸质书籍、多媒体学习及视频学习难以实现的。

三、学习主动性的提升

AR 学习不仅有助于提高学习者的学习动机，也有助于促使他们更加积极主动地参与学习过程。根据建构主义学习理论，学习被视为学生自主建构知识的过程。在这一过程中，学习者不仅仅是被动接受信息的接收者，还会根据自己的先前经验，有选择性地对外界信息进行挑选、加工和处理（王希华，2005）。目前，虽然传统的多媒体学习以其便利性、快速传达知识等优势在教育领域占据了主导地位，但其在激发学习者的主动性方面存在一定的劣势，尤其在许多教学过程中，大部分学习者往往是被动地接受教师传授的学习内容。而 AR 技术可以在一定程度上提高学习者的学习动机，弥补了传统学习方式中存在的不足之处（匼勇，万文静，2021）。

AR 技术将虚拟的物体和真实的环境实时地叠加在同一个空间，让整个学习过程由传统的二维空间转化到现实的三维空间之中。AR 技术可以让学习者自主地操纵学习内容，并利用视觉、听觉和触觉等多种感觉通道的反馈，提高学习者的注意力和满足感，从而提高学习者的学习动机，让学习者更加积极主动地参与到学习过程中（刘潇等，2019）。AR 技术的出现也丰富了教学方式和教学情境，使复杂的教学内容具体化、形象化和趣味化，让学习者可以更加轻松、直观地理解和掌握学习内容，从而使学习过程更活跃，并提高了学习者的学习动机水平。同时，对 AR 技术的态度也会影响学习者的行为模式，无论是教师还是学习者，总体上均对 AR 技术在学习中的应用持有积极的态度和较高的满意度，而这种积极的态度和满意度也会反过来影响学习者的行为，进而在一定程度上提高学习者的学习动机，推动学习者积极学习（Fidan & Tuncel，2019）。

四、高心理沉浸性

在 AR 学习环境下，学习者的身临其境感和参与度明显提高，这有利于促进其进入更深层次的沉浸式学习状态。根据沉浸理论，当个体能够全面融入特定的活动情境，集中全部认知资源，并有效屏蔽非活动相关的知觉干扰时，其便达到深度沉浸的状态（侯莹，魏慧琳，2016）。当学习者在学习过程中进入沉浸状态时，学习者会无视外界其他因素的干扰，提高自身注意力并能够充分调动学习的主动性，从而提高学习效率（吴冬芹，周彩英，2004）。已有研究表明，一些人机交互的高沉浸性学习条件更有利于学习者进入仿真的虚拟学习情境中，提高其沉浸程度，从而提升学习效率。

虽然 VR 技术在一定程度上有利于学习者进入沉浸状态，但是它仅仅是为用户创建一个可观看的虚拟世界，为学习者提供一种完全身临其境的环境。而 AR 技术可以提供一种复合图像，将计算机绘制虚拟对象叠加在真实背景上，使虚拟对象与真实背景相适应，即让学习内容以一种虚拟的形式存在于一个真实的场景中（Liao et al.，2019）。AR 多媒体学习在新旧媒体结合的情境下，将 2D 的学习内容以 3D 的形式呈现在学习过程中，可为学习者提供高分辨率的视觉效果和逼真的声音，提高学习者的代入感与参与感，激发学习者的学习兴趣，集中学习者的注意力，更有利于学习者进入一种沉浸状态（Georgiou & Kyza，2018）。以往研究表明，学习者的沉浸程度与学习效果呈正相关；相比于传统的书面学习材料，学习者在 AR 多媒体学习条件下的心理沉浸水平更高，从而进一步影响学习效果（Liao et al.，2019）。

第二节　AR 多媒体学习的心理机制

　　AR 多媒体学习因其具有的高互动性、高反馈性、高心理沉浸性等特点，在一定程度上弥补了传统教育的不足之处，被广泛应用于多种教育领域，并在激发学习兴趣、调动学习动机，减少认知负荷、促进元认知加工，提高学习绩效，促进能力生成等方面获得了积极成效。一项针对 2010—2019 年 21 篇有关 AR 技术对高等教育影响的英文文献的整理研究发现，AR 技术对高校学生的学习准备、学习过程、学习结果三个方面都有显著的促进作用（龙紫阳，李凤英，2020）。AR 多媒体学习不仅可以促进高校学生的学习，也被广泛应用于各年龄阶段、各学科、各学习场景的学习者的学习中。

一、激发学习兴趣，调动学习动机

　　学习兴趣与学习动机作为学习者学习准备阶段的重要内容，对学习者的学习过程与学习结果起着先导性与基础性的作用（龙紫阳，李凤英，2020）。AR 多媒体学习具备高互动性、高反馈性、高心理沉浸性等特点，可以使学习者全身心投入到学习过程中，感受到较高水平的参与感和带入感，从而激发学习者的学习兴趣，调动其学习动机。

　　在课堂的知识学习中，面对相对抽象的知识和现象，AR 技术的介入可以让学生对 3D 模型进行多角度观察，提高了学生的学习兴趣（张四方，江家发，2018）。在中学生学习物理学科的振动和波浪这两种基本现象的过程中，采用 AR 学习方式的学生的学习兴趣显著高于传统教学环境下的学生（Aji et al., 2021）。针对在现实中难以观测的化学物质而开发的初中生化学学习 AR 应用，可以使学生在软件上操作原子、分子等微观结构并合成新的结构，增强了学生的学习兴趣（Cai et al.，2014）。凭借具备高互动性等优势，AR 技术也被引入教育游戏的开发中，由此催生出各种 AR 教育游戏。例如，"泡泡星球"作为一款学习者通过角色扮演的方式在不同的虚拟情境中答题来学习英语的 AR 学习游戏软件，大多数学习者在使用后都表示该软件十分有趣并愿意继续使用它进行学习（陈向东，万悦，2017）。

提高学生对课程和知识的学习兴趣，学生的内源性动机也会有所提高（李强，卢尧选，2019）。相较于传统图文材料，基于 AR 技术开发的 AR 读物在提高学习者学习动机上也有着明显的优势。当学生阅读 AR 电子书时，AR 多媒体学习的学习情境化特点使 3D 图像可以叠加显示在书页上，采用这种方式阅读的学生在与学习动机相关的注意力和满意度两个激励因素上也都显著优于采用传统电子书阅读的学生（杨健，2020）。通过移动智能设备扫描并在界面上观看和操作的方式，学生学习化学结构（刘潇等，2019）的动机也得到了调动。

二、减少认知负荷，促进元认知加工

AR 多媒体学习不仅因其独特优势能增强学习的趣味性，从而调动学习者的学习兴趣和动机，还能在学习过程中减少学习者的认知负荷，促进其对知识的深入理解。

AR 多媒体学习的高互动性和高反馈性等特点使学习者在学习过程中可以对 3D 模型进行操作并及时接收相应反馈，搭建了真实和虚拟之间的认知桥梁，有助于减少学习者的认知负荷，成为抽象概念和具体情境之间"最完美的情境脚手架"（Bower et al.，2014；张四方，江家发，2018）。因此，AR 多媒体学习在帮助学习者学习相对抽象的科学知识和接受相对复杂的专业技能培训方面发挥着重要作用。在学习科学知识时，AR 技术可以将抽象、微观的内容可视化，将复杂的空间关系可视化。与图文材料相比，使用 AR 材料学习可以在一定程度上减少低空间能力学习者的认知负荷（刘潇等，2019）。在医学教育中，使用移动设备和 AR 技术相结合的方式已被证明可以有效减少学生的认知负荷并提高其学习效果。例如，在神经解剖学的学习中，使用移动 AR 应用的学生报告了更高的学习成就和更低的认知负荷水平（Parsons & MacCallum，2021）。

通过 AR 多媒体学习，教师可以将原本仅通过 PPT 等简单教具和口头表达传授的知识生动直观地展现在学生面前，使学生能够在高度交互性的界面上操作模型，促进学生元认知的发展。在与教师的互动过程中，学生可以对原有的认知过程进行再思考和加工。相较于传统教学方法，通过 AR 多媒体学习，学生对数学函数知识（Salinas et al.，2013）、物理概念知识（蔡苏等，2016）等抽象概念，以及化学基本结构（Cai et al.，2014）、化学物质反应（朱鹏飞，2019）等微观现象的理解水平都有显著提升（于翠波等，2017）。

三、提高学习绩效，促进能力生成

正如前文所提，AR 多媒体学习凭借其优势可帮助学习者激发学习兴趣、调动学习动机、减少认知负荷、促进知识理解，由此直接或间接地提高了学习者的学习成绩（李强，卢尧选，2019；刘潇等，2019）。通过 AR 学习，学生的学习绩效得到显著提高，并且对大多数学科都能产生中等程度的影响（倪慧文，胡永斌，2019）。近年来，大量研究表明，在进行 AR 学习后，学生在数学（王罗那，2020）、英语（喻春阳等，2016）、物理（蔡苏等，2016）、化学（朱鹏飞，2019）等基础学科以及医疗技术（邹绚，睢瑞芳，2020）、工程操作（Sirakaya & Cakmak，2018）等专业技术培训上的成绩相较于传统教学模式都有显著提高。

AR 技术对学习者学习效果的提升除了体现在学习成绩上以外，还体现在学习者自身的能力上。学习者在学习时对叠加在界面上的模型进行观察与操作，使得自身的空间定向能力（Carrera & Asensio，2017）、认知能力（蔡苏等，2021）、运动能力（叶强等，2018）等都有所提升（许梦幻，李小平，2018）。AR 技术作为一项新兴技术，未来将成为培养学生核心素养的重要手段（陈雅丽，张克松，2019）。

第三节　AR 多媒体学习应用中的不足与展望

一、限制"伪智慧课堂"

AR 多媒体学习作为崭新的学习方式和未来学习发展的方向，有着良好的前景。但当前少部分的 AR 应用和产品仅仅是采用了 AR 这种形式，其内容本身的单调性、枯燥性并没有得到很好的改善。在将 AR 技术应用于教学后，虽然课堂氛围变得很活跃，学生的兴趣也得到了调动，但教师的讲解并没有变得更生动或者更有针对性（王同聚，2017）。这种现象反映出教师对 AR 技术在教学中的应用了解有限，并没有很好地将 AR 多媒体学习与传统知识讲授方式相结合。倘若不能做到将内容和形式有机结合，不论设备多么先进，最终的课堂也只能沦为"伪智慧课堂"。

为从根源上避免"伪智慧课堂"的出现，只有学校和教师具备使用新技术辅助课堂教学、辅助学生学习的意识，教师具有将传统教学与 AR 多媒体学习相结合的素质和能力（王国华，张立国，2017），才能使技术真正落地，用知识填充技术的华丽外衣。改进对教师的培养方式，在学校师范教育和在职教师的培训中增加关于教学与新技术相结合的知识，尤其是提高 AR 教学中的教学设计的比重，培养一批具有健康职业人格、扎实基础知识同时具备新的时代眼光的教师，是促使 AR 技术在课堂得到全面推广和应用的一个重点发展方向。

二、技术融合升级，克服"双重短缺"

当前，AR 多媒体学习推广速度较慢，"伪智慧课堂"偶有出现的原因之一是教师不能很好地将教学内容与 AR 多媒体学习应用结合起来。教师缺乏相关素质是导致这一现象出现的重要原因，而其背后更深层次的原因在于 AR 设备的短缺和基于 AR 设备的优质应用程序的"双重短缺"。我国 AR 技术起步相对较晚，仍然处在初期的发展阶段，在设备和应用程序的核心技术上仍存在短板与不足。尽管 AR 技术已经可以被应用至正常的真实环境中，但部分产品建模的精细程度、拟真程度还存在不少问题。由于环境的变化、光线的改变、角度的调整等原因，AR 技术在应用过程中可能存在掉帧、抖动、延时等问题，从而影响学习者的体验，在这些方面，AR 技术还存在很大的改进空间（王培霖等，2017）。

正如前文提到的 AR 比 VR 在学习者的使用体验等方面有着更大的优势，进一步将其与移动技术、AI 技术等结合起来是克服其当前短板、实现 AR 多媒体学习普及的重要途径。将 AR 技术与移动技术结合起来，不断降低使用成本，提高使用便捷度，提升软件内容和质量，是 AR 技术未来发展的重要方向。将 AR 技术移植到移动智能设备中，不仅能降低设备成本，也能在交互性、便携性等方面有所提高（程志，金义富，2013）。AI 和大数据技术作为与 AR 技术同时代的先进技术，也应和 AR 技术相结合，对学习者的学习过程进行实时反馈，基于大量的学习者数据进行产品的优化升级，以不断满足学习者深入且多元的需要。

三、探索适应"双线学习"的 AR 应用新模式

AR 技术的不断升级，使学习者可以实现泛在学习。学习不止局限于固定的学校、教室，学习者几乎可以在任何地方通过移动智能设备对 AR 图书进行扫描，还可以通过基于智能设备的 AR 教育游戏等方式进行学习。随着互联网的普及和技术迭代，近年来网课在国内实现了大范围的普及。在线上教育逐渐兴盛的情况下，网课模式下传统教室教学是否还有存在的必要，成为一个值得讨论的问题（王培霖等，2017）。事实上，在线下授课过程中，学校、教室、教师不仅承担着传统意义上的知识传授职能，教师还需要帮助学生树立健康人格、养成良好学习规范、学习沟通技能等，这些仅靠线上的 AR 学习是无法完全实现的，学生共同学习、共同交

往也不应因远程教育的发展而消失。因此，在学校开展线下 AR 多媒体学习在新的时代背景下仍十分必要。

因此，进一步以学习科学为依托，探究基于内部情绪激发而非外部情绪诱导的多媒体学习机制，基于学业情绪视角，提出适应现代网课模式和课堂多媒体教育的有效 AR 应用模式，成为现代教育的发展方向之一。多媒体认知情感机制的分析与探究，有助于在内部情绪激发层面探索现代 AR 高效率学习的机制和原理，进一步推进学生的高效率学习。

AR 技术运用到教育学习领域的时间还很短，仍存在很多不足和问题，但相信，随着教师意识和素质的不断提升，AR 技术的优化升级及其与新技术的不断融合，适应"双线学习"的 AR 应用模式的不断改进，基于 AR 技术的多媒体学习方式将如雨后春笋般出现在每一个教学者与学习者的周围。

第五章

AR 多媒体学习的认知与情感机制研究

随着科技全球化，高新技术在众多领域取得了显著成就，深刻影响了人们的日常生活，提升了人们的生活质量。教育部于 2018 年发布的《教育信息化 2.0 行动计划》强调推进新技术与教育教学的深度融合，真正实现从融合应用阶段迈入创新发展阶段。在此背景下，AR 技术作为新兴的学习形式，受到教育界的重视，并被广泛应用于教育领域。研究表明，AR 技术对学习有积极影响，如有助于提升儿童的空间语言感知和专注力等（Aydogdu & Kelpšiene，2021；Alzahran，2020）。然而，关于 AR 技术对学习成效的影响，目前存在不一致的两种观点：一种观点认为，AR 技术能显著提升学习者的学习兴趣和空间想象力；另一种观点则认为，AR 技术可能会增加学习者的认知负荷，对学习成效产生消极影响。本章立足于学习者的视角展开分析，通过不同技术的比较对 AR 技术进行介绍，并基于情境认知学习理论、社会建构的学习理论等相关理论，探究 AR 多媒体学习过程中技术的应用对学习效果产生的影响。

第一节 AR 多媒体学习的认知研究

在探讨 AR 多媒体学习的认知研究时，理解其背后的理论基础至关重要。AR 多媒体学习通过将虚拟信息与现实世界结合起来，为学习者提供了一个互动性强且具有沉浸感的学习环境。为了更好地理解 AR 多媒体学习的认知机制，我们需要从两种主要的学习理论视角出发：情境认知学习理论，以及社会建构的学习理论。情境认知学习理论强调学习是一个依赖于具体情境的过程，结合认知负荷理论（cognitive load theory，CLT）可以帮助我们分析 AR 环境中信息处理的复杂性；而社会建构的学习理论则强调学习是在社会互动和文化背景中构建的，结合多媒体学习认知理论（cognitive theory of learning with multimedia，CTLM）能够揭示出 AR 多媒体如何促进知识建构与协作学习。

一、情境认知学习理论——与认知负荷理论相结合

情境认知学习理论是极为重要的学术框架之一，在多个领域被广泛应用。这一理论强调，学习者的认知过程深受其所处情境的影响（王文静，2002）。具体而言，情境认知理论将个体的认知过程置于一个更为广阔的、由物理及社会元素构成的环境中，考虑其在该环境中的互动性和文化性构建，从而强调了个体作为社会成员的角色（Qu & Furnas，2008），此外，该理论还强调个体应在特定的情境下进行学习，认为知识的获取应当融入真实的活动中，包括日常生活环境中的学习以及通过信息技术创造的结合了虚拟元素和现实元素的学习情境的学习（李洁，2009）。基于情境认知学习理论解释 AR 技术的应用包含两个关键点：首先是创建逼真的学习场景和任务情境，这样的环境能够激发学习者的直觉思维，提高他们的创新性、

灵活性和创造力，从而促进创造性活动的产生。其次是促进情境中的正向互动，模拟的虚拟环境中的互动类似于现实世界，有助于学习者对学习过程进行深入反思。研究显示，在虚拟环境中，学习者的互动及自我反思能够相互促进，进而有效推动认知过程的发展（高文，2001）。因此，AR 技术的应用不仅增强了学习环境的真实性，还促进了学习者认知能力的发展。

Sweller 在 1988 年提出的认知负荷理论阐释了工作记忆的运作及其与长时记忆的交互作用。认知负荷可被界定为工作记忆系统中处理的信息量，是影响学习效率的关键。认知负荷分为内在、外在和相关三种类型：内在负荷取决于材料的复杂性和学习者的先验知识；外在负荷与信息呈现的方式和学习材料的设计相关；相关负荷涉及图式的构建和自动化过程。认知负荷的管理对于优化学习效果至关重要。结合情境认知理论，采用 AR 技术创设的虚拟学习环境能够积极影响认知负荷。缪玉波等（2022）的研究将传统绘本转换为 3D 虚拟情境，增加了儿童学习的交互性，从而减少了他们的认知负荷，提高了学习效果。然而，AR 技术如果应用不当，导致超出学习者的工作记忆容量，可能会因过度的认知需求而阻碍学习（Uhomoibhi et al.，2020）。因此，要想更好地发挥 AR 技术在教学与学习过程中的优势，就需要合理设计应用策略。理想的 AR 技术设计框架是降低外在认知负荷水平，平衡内在负荷水平，提高相关负荷水平。

认知负荷水平是衡量个体学习成效的重要指标之一。顾小清和胡梦华（2018）认为学习效果可从认知与非认知两个层面进行评估，其中认知层面涵盖了学习成绩和空间想象能力等方面，而非认知层面则包括了学习兴趣和学习动机等方面。众多国内外研究者对 AR 技术在教育中的应用进行了深入探讨，普遍得出 AR 对学习效果有显著积极影响的结论。Chang 和 Hwang（2018）开发了一种基于 AR 的翻转学习指导模式，并在小学自然科学课程中进行了实证研究。结果显示，AR 技术的引入不仅提高了学生的成绩，而且增强了学生的学习动机、批判性思维能力和团队自我效能感。Chen 等（2019）则提出并测试了一种基于 AR 的移动学习系统，实证研究发现，使用 AR 系统的学生在学习成绩上明显超过了对照组，他们的学习动机也显著提升，并且更容易理解和应用复杂的知识点。这些研究结果进一步证实了 AR 技术在提升学习效果方面的潜力。

AR 技术仅仅会给学习者的认知过程带来积极影响吗？答案是否定的。AR 技术的实现依赖于一系列电子设备，而使用 AR 显示器会带来一定的认知成本。认知负荷的测量普遍强调客观标准，Baumeister 等（2017）采用自我评估认知负荷方法以及额外的双任务认知负荷方法，比较了三种不同的 AR 显示技术对个体认知负荷的影响，研究发现，由设备局限性带来的有限视野会导致认知负荷需求的增加，即头戴式显示器的一些固有限制会导致用户的认知负荷增加。由此可见，尽管 AR 技术作为一种学习方式能够对学习者的学习成效产生积极影响，但是技术所依赖的设备不可避免地会带来认知负荷增加等消极影响。相关设备轻量化是现阶段需要攻克的技术难题，这需要一定的时间。此外，在技术应用过程中，如何减少或抵消设备局限性给学习者带来的认知负荷增加，以及如何控制相关额外变量以使实验结果更加准确，是未来研究的重点方向。

二、社会建构的学习理论——与多媒体学习认知理论相结合

社会建构主义的学习理论强调知识观、学生观和学习观三个核心维度。首先，学习被视为一个动态过程，学生根据自己的知识和经验，通过与社会环境的互动，构建对事物的理解。其次，学生被认为是主动的学习者，有意义的学习发生在学习内容与学生的兴趣、动机以及社会生活密切相关的条件下，可促进知识的构建。知识构建不仅涉及新旧知识的融合，还涉及知识的关联与整合。社会建构主义认为，知识的获取是一种文化参与过程，不仅需要个体主动地构建知识，还需要文化上的支持和参与学习共同体的实践，以实现知识的内化。学习共同体包括教师、学生以及其他可以促进学习的个体。这一理论强调学习发生在个体与社会文化背景、工具、符号和他人之间的互动中，强调通过社会协商和个人的主动构建来内化知识。因此，从社会建构主义的视角出发，激发学生的学习兴趣和创造有利的社会环境成为促进个体学习与知识构建的关键因素。

传统教育模式是在大课堂内，教师对学生进行近乎"填鸭式"的教育，通过讲解枯燥的文字、图片传播知识，这样的教学方式单调无趣，教学效果并不理想（王

培霖等，2017）。Teoh 和 Neo 的一项研究发现，被试认为聆听演讲者在讲台上讲课是一件十分无聊的事情（Teoh & Neo，2007）。在传统学习过程中，学习者学习二维呈现的语词和画面两种类型的知识，通过视觉与听觉接受知识，并在工作记忆中进行加工，最终完成知识的建构与学习，这就导致传统的教学方式存在一定弊端。一方面，由于感觉通道一次性加工的信息数量有限，过量的知识呈现会增加学习者的认知负荷，从而造成学习效率低下；另一方面，单调的学习材料难以长期维持学习者的学习兴趣，缺乏交互性的授课模式也会降低学习者的学习主动性。多媒体教学方式的出现，在一定程度上解决了这些问题。当代著名的教育心理学家理查德·梅耶（Richard Mayer）在双编码理论、认知负荷理论和建构主义学习理论的基础上提出了多媒体学习认知理论。多媒体是一种教学技术手段，包括电子书、幕布投影仪等，通过呈现生动活泼、具体形象的知识，改变了单调的黑板加纸书的教学模式，使学生能更加直观地进行学习。"以学习者为中心"的多媒体教学方式可被视作教学者为学习者创设的一种学习情境，有助于激起学习者的兴趣。随着新技术的出现，AR 技术给多媒体教学带来了新的发展，对传统教育行业的改革是颠覆性的。基于社会建构主义学生观，学习者通过 AR 技术主动探索学习环境以获取和构建知识，这体现了学生的认知主体地位，而教师仅仅对学生的意义建构起帮助和促进作用。

AR 技术允许学习者在物理环境中看到实时的虚拟物体和信息，如音频、视频、文字和三维模型等，甚至可以感知触觉和嗅觉的信息（Yuen et al.，2011），为学习过程提供物理刺激，并增强学习过程的沉浸感（Wu et al.，2013）。Burton 等（2011）发现，学生对这种可以分享信息和学习新概念的交互技术感到兴奋，从而增强了学习兴趣。此外，AR 技术的使用还可以提高学生的学习动力。蔡苏等（2021）研究了 AR 技术支持的师生互动，发现使用 AR 技术的教学过程中，学生反应更积极。由此可以看出，AR 技术与教育的结合受到了学习者的欢迎，并且有助于增强学习者的学习兴趣与学习主动性。

综上所述，立足于学习者角度，结合相关理论，我们可以发现，AR 技术的应用对个体学习成效的影响利大于弊。在合理设计并使用 AR 技术进行教学的前提下，新技术能够创造生动形象的虚拟情境，提高个体的学习兴趣与动机，从而对其学习成效产生积极影响。就认知层面而言，与其他学习方式相比，学习者利用"以学生为中心"的 AR 多媒体学习方式主动建构知识，并不会增加个体的认知负荷。然而，由于 AR 技术所依赖的设备本身具有局限性，其会对认知结果产生消极影响。技术层面的难题目前难以克服，但是在未来研究中，可以通过实验的方法排除设备局限性对研究结果准确性的影响。

　　AR 技术在教育领域的相关研究具有重要意义。从理论层面来看，通过应用 AR 技术，教学人员可以创造出一种富含体验感的沉浸式学习环境，从而促进学习者的知识自我建构。从实践层面来看，AR 技术可以丰富现有的教学方式，为多样化教学提供途径，同时还可以为相关教育技术设备开发商提供理论和实践经验，促进其开发出更为科学合理的设备和软件。

第二节　AR 多媒体学习的情感研究

　　随着数字化世界的到来，大量的数据资源产生，各种各样的技术利用这些数据为传统任务提供新的解决方案。AR 是这类技术的一个突出例子，已经成为当今时代最流行的技术趋势之一（Del Amo et al.，2018）。以往的研究表明，AR 能够创造更为真实的学习环境，改善小组协作学习，增强情感依恋和想象力，协助自主学习。AR 多媒体学习是将 AR 技术与多媒体教学相结合，通过文本（字母或数字）、符号、图像、音频、视频和动画等媒体类型，借助 AR 技术来增强学习的交互性、沉浸性，进而促进学生的理解和记忆。AR 技术具有集成性、多样性和交互性等特点，可以使个体利用数字和 3D 技术交流信息与思想。信息和通信技术的变革，为教育领域带来了新的发展方向。AR 技术涉及多种数字通信技术，通过文本、音频、视频等不同媒体，以虚拟和现实相结合的方式呈现信息，因此，AR 技术在教学领域中的应用具有很高的设计质量和复杂性（Abdulrahaman et al.，2020）。

虽然 AR 多媒体学习是一种全新的教学和学习模式，但是目前情况下它还存在着一些不足之处。为了让学生享受高效的学习体验，国内外许多研究者把 AR 多媒体学习的设计重点放在学习认知方面，工作记忆模型（Baddeley & Hitch，1994）和多媒体学习认知理论（Mayer & Moreno，1998）等强调了认知机制在 AR 多媒体学习中的关键作用，指出不同的设计方法会对学习者的认知产生不同的影响。然而，情感因素（即影响学习者生理反应和体验的心理状态）在多数研究设计中未获得充分考虑。国外的相关研究提到，情感与学生的认知机制之间存在着很大的关系，积极的情感可以帮助学生更好地接受新的教学方式，并在其中投入更多的精力（Brand et al.，2007），花费更短的时间来掌握所学的知识（Efklides & Petkaki，2005），积极的情感体验还会使学习者产生积极的行为意图，提高学习效率。这些都表明在进行 AR 多媒体学习时，需要有情感的参与。综合以往的研究，本节讨论了情感在 AR 多媒体学习中如何影响学生的认知机制和学习体验，以及情感表征和情感教学在 AR 多媒体学习设计中起到的作用。

一、AR 多媒体学习与情感设计

（一）AR 技术在课堂中应用的设计原则

AR 技术在课堂中的应用需遵循一定的设计原则。在确保交互性和沉浸感的基础上，AR 技术支持的教学设计应涵盖多个方面。Dillenbourg（2013）认为，教学设计应详细阐明学习活动和学习技术，并考虑以下因素：有针对性的学习结果、学习内容的特殊性、学习者的特点以及教育心理学原理——人们如何学习。这些因素可被视为学习过程的内在要素。近年来，许多学者开始关注外部约束，即与具体学习理论无关但影响课堂实践的因素，如时间预算、时间分配、教室空间的物理限制等。Billinghurst 和 Kato（2002）提出以下三项设计原则：①系统灵活性，即 AR 系统应足够灵活，以满足教师和学生的需求；②教学内容一致性，即教学内容应源自课程，并与其他课程的教学目标保持一致；③语境适应性，即 AR 系统应考虑语境等教学因素的制约。

（二）AR 多媒体学习中的情感设计

在梅耶提出的多媒体学习认知理论中，认知方式对于促进学习者进行深度学习具有重要影响。该理论模型专注于多媒体信息的认知设计，但未充分考虑学习者在选择、组织和整合多媒体信息时所采用的学习策略、动机及意志等情感因素的重要性。基于此，Moreno 提出了多媒体学习认知-情感理论（cognitive-affective theory of learning with multimedia，CATLM）。该理论将元认知因素和情感因素（如态度和动机）融入多媒体学习过程中，认为多媒体学习是认知、元认知和情感因素相互作用的结果，从而更全面地描绘了多媒体学习的特征。此外，多媒体学习认知-情感理论提出了三个新假设：首先，情感和动机因素可以通过影响认知参与程度来中介学习过程；其次，元认知因素（如自我调节）可以通过调整认知和情感过程来影响学习；最后，多媒体学习效率会受到个体差异（如知识水平、认知风格）的影响。

多媒体学习认知-情感理论认为，任务情感设计激活的积极情感-动机状态能够引发更深层次的认知加工，实质上增加了完成任务所需的认知资源。因此，情感设计原则有利于激发学习者的学习和情感动机状态。根据这一讨论，有效的情感设计应提升以学习为中心的积极情感-动机状态（如享受、兴趣），同时不增加可能抑制学习的外部认知负荷。Plass 和 Kaplan（2016）在认知理论和多媒体学习认知-情感理论的基础上，提出了多媒体学习的整合认知-情感模型，进一步解释了多媒体学习中情感与认知的相互联系。整合认知-情感模型的核心主题是情感过程和认知过程在整个学习过程中相互交织，认知-情感加工对认知资源提出了需求。在这些理论的基础上，国内外学者开展了大量关于多媒体学习情感设计的研究。

在多媒体课程中融入情感设计具有显著优势。研究者采用与努力相关的生理指标（即心率变异性），探讨了情感设计原则对个体精神努力投入的影响（Le et al.,

2018）。实验结果显示，积极情感设计组在随后的保留测试中的表现优于中性设计组，且在指导会话中，积极情感设计组的心率变异性高频段下降幅度更大。这些发现与多媒体学习认知-情感理论关于情感中介的假设一致，表明在多媒体学习研究中纳入情感和动机因素的重要性。AR 多媒体学习虽然带来了更强的交互性，但也使设计更加复杂。情感设计有助于学习者更好地适应教学方式，提升学习效率。国内学者温小勇等（2019）探讨了情感表征在多媒体学习体验中的作用。他们区分了两种情感表征模式："内部"模式，指与多媒体学习内容相关的情感表征；"外部"模式，指与学习内容不直接相关的外部引导材料的情感表征。研究者从积极情感、记忆（知识记忆）、理解力（知识迁移）、认知负荷、满意度、成就感和学习动机七个维度评估了学习体验。结果表明，与外部引导材料相比，多媒体学习材料中的积极情感表征更有效地提升了学习者的学习体验。总体而言，积极情感在多媒体学习体验中发挥了正面作用。在 AR 多媒体学习中，与学习内容相关的多媒体信息更为重要。相较于外部学习材料，内部学习材料的情感表征设计对 AR 多媒体学习体验的影响更大。

关于情感因素在 AR 中的作用的研究一直很少，尽管 AR 在教育领域是一项很有前景的技术，但其应用和研究仍处于起步阶段（Uhomoibhi et al.，2020）。将 AR 技术融入多媒体教学更是一种全新的教学模式，AR 多媒体学习这种全新的教学模式本身就比较容易引起学习者的积极情感，但是由于其是多种数字信息技术的结合，设计比较复杂，所以在 AR 多媒体学习中融入内部学习材料的情感表征至关重要。情感因素本身是一种极为复杂的心理因素。并不是所有的学习者都会适应这种交互式学习方式，有的学生在面对数字、虚拟的教学方式时候会产生焦虑情绪，他们可能更喜欢与老师进行面对面沟通，从而获得知识学习的安全感。对于这种情感个体因素，目前的 AR 多媒体学习设计研究中尚未给予足够重视。在 AR 多媒体学习中，许多学生的学习态度并不积极，一方面可能是因为教学模式设计本身缺乏情感表征，另一方面可能是因为缺少与外部情感教学的结合。

二、情感教学在 AR 多媒体学习中的应用

人本主义心理学的发展促进了教育领域对情感教学的重视。该流派主张，教育不应仅聚焦于智力发展，还应平衡重视情感的培养。情感教学关注的是个体对特定事物、行为、情境或体验的情感反应，这些反应体现了个体的需要和愿望与其经验的契合程度以及由此产生的情绪波动。在教育场景中，情感涵盖学习者在学习过程中的感情、感觉、情绪和态度等方面。因此，情感教学指导教师在教学活动中应综合考虑认知与情感因素，将它们进行有效结合，利用情感因素积极影响学习者的认知过程，以此达成教学目标并优化教学成效。

Bai（2022）认为，情感是人们在交往过程中传递的重要信息。情感状态的变化影响着人们的感知和决策。因此，可以将情感维度引入人机交互中。通过 K-means 算法设计负载能力，搭建多媒体网络共享教室，创设钢琴音乐情境以激发学生的学习兴趣。同时，利用视听等工具调动学生情绪，运用多媒体指导和延伸学生的钢琴音乐知识，全面提升学生的审美能力和自主学习能力。通过对比教学三个月后学生的变化，研究结果发现，多媒体网络共享教室在增强学生学习兴趣方面比传统教学方式提高了 50% 以上，且教师对多媒体网络共享教室的接受度较高。这与 Shemeis 等（2021）的研究结果一致。

情感教学有多种模式，我们可以根据不同学科将不同模式的情感教学与多媒体教学相结合。例如，潘飞（2010）的情感教学研究提出，焦虑是外语学习中最大的情感障碍。过度的焦虑会使人紧张，分散注意力，降低思考能力和语言处理能力，从而影响学习效果。该研究还指出，网络环境下的人机交流能提供更多、更广泛的师生之间及学生之间的情感交流，增强学习者的移情意识。通过各种情感教学与多媒体学习的结合，我们在 AR 多媒体学习中可以设计一些贴近学习者实际状况的情感信息。例如，虚拟教师在沟通设定上可以添加一些网络用语，这样更能引起学生的学习兴趣，激发他们的积极情感。

将 AR 多媒体学习与情感教学相结合还有另一个益处，就是可以利用情感教学来指导 AR 多媒体学习的设计。AR 多媒体学习的设计以情感教学为目的，可以

更好地帮助学习者建立学习兴趣,避免因为设计过于复杂而达不到最终的教学目的。在 AR 多媒体学习中加入情感内容,二者可以达到一种互惠互利、相辅相成的效果。

三、情感设计在 AR 多媒体学习中的应用

近年来,AR 技术在教育领域中的应用越来越广泛,国内外的许多研究都证明了 AR 技术有助于提高课堂效率,弥补了传统教学模式的一些不足之处。AR 技术应用于科学教育领域,以直观、形象、互动的方式向学生展示抽象的、困难的知识,创造与知识互动的环境,增进了学生对知识的理解,培养学生观察、发现、研究和解决问题的能力,为逐步营造科研创新环境创造了必要条件。目前关于 AR 多媒体学习的研究还是以认知层面为主导,而情感作为一种复杂多变的心理因素,在 AR 多媒体学习的设计中也起到至关重要的作用。

根据 AR 应用程序的设计原则,交互性、实践性是其主要突出的设计方向,将 AR 技术与多媒体相结合并投入教育领域当中,AR 多媒体学习的设计将变得更加复杂。元认知因素固然重要,但是情感设计也必将成为学者的重点研究内容。认知与情感是紧密相连且相互影响的。情感不仅是认知活动的必要组成部分,而且贯穿认知发展的全过程,与认知相互作用、相互制约。情感既能驱动认知发展,又能调节认知结构的进展。因此,在教学活动中,情感因素是至关重要的,其影响不应被低估。国内外关于情感表征对多媒体学习体验影响的研究结论大体一致,即积极的情感表征能够提升学习者的多媒体学习体验。然而,情感表征不仅局限于学习内容,还包括作业、小组讨论等各种活动。因此,融入人性化等情感元素的 AR 多媒体学习能够提高学习者的学习效率,更易被大多数人所接受。虽然大部分研究证明积极情感表征对 AR 多媒体学习具有正向作用,但这仍是一项长期研究。我们需要考虑如何在正确的认知取向基础上,构建包含情感的 AR 多媒体学习材料,以及如何运用这些材料激发学习者的内在情感体验。

情感教学要求教师将认知与情感相结合,以情感促进认知,提升教学效果。AR 多媒体学习与情感教学的关系就像情感教学中认知与情感的关系,二者相互促进、

相互影响。AR 多媒体学习模式为情感教学提供了一个很好的平台，不仅有助于提升学习者的学习体验，而且让 AR 技术变得更容易被学习者所接受。

AR 多媒体学习的情感研究主要基于多媒体学习认知-情感理论模型。在该理论的支持下，学者们开始探讨 AR 多媒体学习中的情感因素。现有研究成果揭示了 AR 多媒体学习中的情感设计和情感教学的应用模式，但多限于表层研究。因此，AR 多媒体学习中的情感因素值得未来深入探讨。

第三节　AR 多媒体学习的认知与情感机制分析

随着计算机网络技术的优化与进步，AR 技术在现代社会中的应用越来越广泛。AR 与 VR 不同，它属于 VR 的重要分支之一。20 世纪 90 年代早期，波音公司在研究设计一个具有辅助布线功能的系统时第一次提出了"增强现实"的概念（朱淼良等，2004）。AR 主要是一种运用计算机多媒体、实时跟踪、3D 建模等不同种类的高新技术手段，将传感器中的虚拟信息与现实场景相结合，从而达到场景逼真性目的的技术（胡天宇等，2017）。

在现代社会中，AR 技术被应用在机械维修、医学、商业、游戏以及教育学习等各种领域。在机械维修领域，普通的工人在进行设备维护或修理时，不仅需要长期的学习，还需要长时间集中注意力，而 AR 技术则有效地弥补了维修费时费力的不足。例如，国外研发的 PARTNER 系统通过 AR 技术指导了一个没有经过任何训练的人直接拆除了一台投影仪（柳祖国等，2003）。在医学领域，AR 技术可以增强外科医生在进行精细手术时对患者身体内部形态的把控能力，同时也可以为医生和医学生进行解剖、模拟手术等实践活动与学习相关知识技能提供平台和帮助（Herbert et al.，2021；Nagayo et al.，2021）。在商业领域，AR 技术可以增强跨国会议交流和产品展示的真实性，促进商务活动的顺利进行（Chiu et al.，2021）。在游戏领域，基于玩家位置信息的 AR 游戏受到玩家的喜爱（Laato et al.，2021），AR 技术可以使玩家沉浸式体验游戏场景与人物，身临其境地感受虚拟世界中的各种活动，为玩家创造了有意义的游戏空间和游戏体验（Oliver et al.，2016）。在教育学习领域中，AR 技术的应用更广泛，AR 技术未来最重要的应用价值就在于教育。例如，基于全人类的 AR 健康手册，可以通过 AR 立体书、AR 学习软件等，促进个体对生理健康常识的了解与学习；基于未成年儿童的 AR 早教游戏，通过卡通闯关游戏等形式，使儿童在快乐情绪下潜移默化地学习生活知识，有助于提高幼儿园教师的教学效率，降低其工作压力；还有基于社区的 AR 讲座、基于中小学生的 AR 多媒体学习等应用（刘琦等，2017）。使用 AR 技术的教学和学习活动对于提高学生的学习兴趣、理解和记忆能力等都有积极作用（Chandike，2016）。

一、 AR 多媒体学习概述

顾名思义，多媒体是指把文字、语音、动画等多种不同的信息媒介组合起来而形成的一种媒体，是一种可视化的表达方式。多媒体学习是指利用语言（包括口头语言和书面语言）、图片（静态图片如照片、地图等，动态图片如动画以及视频等）等媒体进行的学习（王以宁等，2005）。20 世纪开始，著名教育心理学家梅耶就对多媒体学习进行了研究。经过不断实验以及对工作记忆、认知负荷、双重通道等理论的探索和总结，他提出了多媒体学习认知理论，较为全面地厘清了多媒体学习的各个原则，是该领域研究的先驱，为教育心理学的发展做出了重要贡献（贾义敏，2009；王建中等，2013）。随着计算机技术和经济的发展，国家在教育领域的投入比重增大，最初的多媒体学习手段也变得丰富起来，并与多种技术相融合。

AR 技术的表达功能十分强大。该技术能够及时有效地对现实场景或周围环境进行逻辑补充、内容阐释和提醒预警等（刘琦等，2017）。多媒体学习经常涉及许多有关多媒体的专业知识，学习者对此类专业性较强的信息往往难以准确理解。同时，在多媒体学习中，学习者需要将其传递的信息与现实场景相结合，此过程较为费力，且用户的互动性较差，并不能完全达到及时、有效。基于 AR 技术的多媒体学习是通过借助现代科学技术而进行的信息获取和知识建构的过程，可以为上述问题提供新的解决途径。

AR 技术的表现内容丰富有趣，可以极大地吸引使用者的注意（刘琦等，2017）。可视化是记忆的最佳方式，因为通过图像，学生能够获得更丰富的知识，AR 技术就是一种将事物可视化的方法（Chandike，2016）。基于 AR 技术的多媒体学习方式既能够展示传统的文字、图片、音频和视频等，还能够将物体（如教学工具等）进行 3D 建模，并将网络上具有强大感染力、表现力的元素和虚拟元素相结合，学习者能够很容易地从中获取自己所需的有效信息，体验到身临其境的真实感受，提升其用户体验水平，从而达到沉浸式学习的效果。

基于 AR 技术的多媒体学习还有更多优势，例如，基于 AR 技术，目前已经有学者研发出以移动智能手机为载体的增强现实 APP，通过扫描图书或视频二维码，用户即可快速看到该内容的 3D 影像，这对于个体进行自主的多媒体学习具有重要帮助（刘琦等，2017）。同时，AR 技术不受学习者知识储备的限制。在进行多媒体学习时，学习者如果知识储备不充足，往往会力不从心，而 AR 技术所产生的虚拟学习材料来自设备自身的本地存储或互联网材料，只要有足够的存储空间或保持网络畅通，就可实现随时随地学习。视频、图片等传统形式虽然有着同等优势，但在用户依从性和现实场景逼真性等方面却远远不如 AR 技术。基于 AR 技术的多媒体学习可以通过互联网中的海量信息和逼真的投影等手段，为学习者提供真实、便捷、有广度的学习空间，是未来教育发展的重要目标之一。

二、认知-情感系统理论与 AR 多媒体学习的认知与情感机制

（一）认知-情感系统理论

米契尔（Mischel）受到凯利（Kelly）的个人建构理论、罗特（Rotter）的社会

学习理论以及班杜拉（Bandura）的交互决定论等观点的影响，逐步形成了认知-情感系统理论。该理论围绕个体的性格、情境、人格结构和动力特征进行探索，以调节人格稳定性和跨情境行为不稳定性之间的矛盾为主要目标，在一定程度上解决了人格特质理论与社会认知心理中的基本矛盾（Mischel & Shoda, 1995）。认知-情感系统理论主要由三个方面构成，分别是认知原型理论、认知-情感个性系统理论以及延迟满足理论。

首先，米契尔将认知分为上位、基本和下位三个水平，划分遵循从抽象到具体的顺序。其中，基本水平是最具"经济"效益的类别水平，也被称为认知原型。其次，米契尔提出了认知-情感个性系统理论。他认为，人在处理重要的社会信息时存在内在的情感负载，必然与情感变量密切相关。同时，目标作为指导个体追求长期项目的准则，始终影响着个体创造的情境与结果、情感与行为，以及对结果的反应（Mischel & Shoda, 1995）。因此，米契尔将个体的各种变量整合为认知-情感单位，并将目标纳入理论框架中。尽管认知表征与情感状态相互作用，共同构成了人格结构的核心，指导并制约其发展，但认知-情感个性系统仍存在个体差异基于此，米契尔进行了深入研究，最终提出了认知-情感个性系统理论。该理论不仅解释了不同人格个体行为表达的多样性，还阐明了人格系统的稳定性特征。最后，他提出了延迟满足理论。延迟满足指个体为实现长远目标或利益而选择放弃当前利益的行为。该理论不仅对个体的适应和发展具有深远影响，还在一定程度上能够预测个体的未来成就。

当代著名的教育心理学家梅耶的主要研究方向为多媒体学习。他不仅概括出了多媒体信息设计原则，还在容量有限、双通道以及主动加工理论的基础上提出了影响力广泛的多媒体学习认知理论。该理论详细探讨了认知因素对于多媒体学习的意义，尤其是在认知负荷的优化方面。梅耶认为，只有最大限度地降低学习者的外在认知负荷，增加相关认知负荷并保持适度的内在认知负荷，才能达到最优的学习效果（王建中等, 2013）。

梅耶强调多媒体学习的认知因素，但忽视了学习过程中的情绪情感因素。而莫雷诺认为多媒体学习是认知、元认知、情感三因素协同合作的结果，他认为如果有的外在认知负荷（无关的信息）可以对学习者的元认知或情绪产生积极影响

（Baumeister & Heatherton，1996；Sethi et al.，2000），如增加积极情绪体验和增强个体学习动机，那么这样的外在认知负荷就是帮助个体学习的资源，而不是毫无作用的资源。据此，莫雷诺进一步提出了多媒体学习认知-情感理论，将元认知、情绪情感等因素纳入研究范畴，扩充了梅耶的理论（温小勇等，2019）。多媒体学习认知-情感理论关注两个方面：一是多媒体学习的认知功能，二是情感功能。该理论认为，多媒体信息的呈现应促进学习者的认知活动，同时激发其学习情感，通过积极学业情绪，帮助学习者形成正确的认知和态度，进而产生积极的学习效果。

（二）AR 多媒体学习的认知与情感机制

在 AR 技术的基础上，多媒体学习的手段和水平得到了很大程度的提升，同时对于高新技术的依赖性也不断增强。此外，良好的用户体验也成为影响 AR 多媒体学习的重要因素。用户体验的影响因素主要包括理性因素和感性因素两种，用户的认知方面是理性因素，而用户的情感方面则是感性因素（金燕，杨康，2017），这也恰恰对应了多媒体学习认知-情感理论中的认知因素和情感因素。

在 AR 多媒体学习中，个体首先需要对多媒体形成清晰、明确的认知。用户需要接收信息、选择信息、理解信息，并反馈所学知识，这些过程依赖于个体的认知水平和认知风格。认知水平较高的个体能够快速、准确地掌握 AR 多媒体学习，从而促进其认知发展；而对于认知水平较低的儿童等群体，则需开展适应其发展特点的多媒体教学。个体的认知风格有多种分类，如冲动型与沉思型、场独立型与场依存型、具体型与抽象型等。不同认知风格对 AR 多媒体学习的要求各异。例如，场独立型个体善于从整体中区分部分元素，因此在课程设置中，应增加自我探索的比重；场依存型个体则更喜欢协作学习，因此在多媒体课程中可设置小组任务。个体的不同认知水平和认知风格对 AR 多媒体学习提出了一系列个性化要求，同时也为 AR 多媒体学习的创新发展提供了新思路。

情感是影响个体学习态度和效率的重要因素，也是 AR 多媒体学习的情感机制之一。积极的情感会促进个体对于学习的追求与努力，增强个体记忆力，提高个体的发散性思维以及认知能力；而消极的情感会对学习产生负面影响，导致个体对学习失去兴趣,记忆力、注意力、思维能力等降低(金燕,杨康,2017)。因此,在 AR 多媒体学习中,首先要激发学习者积极的情感体验,增强其在 AR 情境学习中的沉浸感和投入感,进而促进其对所学知识的接受和理解。为了增加个体在 AR 多媒体学习中的积极情绪,进而促进其学习投入,主要有以下几种方法:首先,增加学习系统与个体的交互性,让学习者身临其境地进行学习;其次,让不同学习者选择不同的学习情境,且这些情境适合其认知水平和认知风格。

在 AR 技术的基础上对多媒体学习课程资料进行设计,通过改变个体在学习中的认知负荷、针对不同认知方式进行教学以及增加积极的情感体验等措施,都可以在很大程度上促进学生对学习的积极投入,提升其学习效率。

三、AR 多媒体学习的发展前景

世界正迈向全球网络化、数字化、信息一体化的时代,随着网络、多媒体、AI 技术等的发展,人们对信息的需求越来越强烈(田振蒙,2018),AR 技术成为目前的热点技术。

AR 多媒体学习通过图片、动画等表现形式,将原来抽象、枯燥的学习内容变得更加直观,增强了个体的现实感、沉浸感,提供了一种新的认知方法,有利于提高学生的认知测试成绩,尤其是对成绩较差的学生的影响较大,学生普遍对 AR 技术持积极态度,并享受探索体验。此外,AR 多媒体学习得到了有效实施,可以为学习者创造一个自主学习的环境,使人类的感官与想象力相互配合,产生前所未有的思维空间与创造资源(Chandike,2016;田振蒙,2018)。AR 多媒体学习为人们的日常生活提供了很多乐趣和便捷之处,可以被应用在人们工作和生活的各个方面,在医学、机械维护和修理、商业、军事等方面都有一定的发展前景(齐越,马红妹,2004)。AR 多媒体学习在导航、设计、娱乐等领域也得到广泛应用,这将更好地促进人与计算机之间自然有效的交互(朱淼良等,2004)。AR 多媒体学习能够通过计算机网络和通信服务等进入学校、家庭和社会,这将给人们的工作、生活和娱乐带来深刻的变革。

现阶段，AR多媒体学习已贯穿到不同的行业与领域、家庭与生活中，且正处于高速发展的时期，这将使人们的工作和日常生活更加便利和丰富多彩。随着人们理念的改变以及科学技术的创新，未来必将出现更为新颖的、令人眼前一亮的新技术，给人们的日常工作和生活带来更美好的体验（田振蒙，2018）。

第六章

非智力因素对 AR 多媒体学习的影响研究

AR 多媒体学习是将 AR 技术应用于教育和学习的一种创新方法，融合了视觉、听觉和触觉等多种感官信息，可为学生提供更为沉浸、丰富和互动的学习体验。AR 多媒体学习的发展也与教育理论的演进相吻合。现代教育注重学生的主动参与、体验式学习和个性化教育，而 AR 多媒体学习恰好符合这些教育理念，能够使学生以身临其境的方式体验学习内容，将抽象概念转化为具体的视觉和互动体验，进而激发学习动力和促进深入理解。

非智力因素在 AR 多媒体学习中发挥着重要作用，除了智力因素外，还需考虑学习者的情感、动机、认知风格和个性特点等非智力因素的影响。因此，本章总结了非智力因素的定义与相关研究、AR 多媒体学习在教学中的应用以及非智力因素对 AR 多媒体学习的影响。研究 AR 多媒体学习中的非智力因素对于优化学习效果、提升学习者的参与度具有重要意义。

第一节　非智力因素的定义和相关研究

一、非智力因素的概念界定

20 世纪 30 年代，美国心理学家亚历山大（Alexander）在研究智力时，发现了一些个性因素也会对智力测验的结果产生影响，并正式将其命名为非智力因素（Alexander，1938）。但这一概念在很长一段时间内并未引起其他学者的关注，直到 1943 年，美国另一名心理学家韦克斯勒（Wechsler）对非智力因素做了进一步的解释，认为非智力因素区别于智力因素，属于人的智慧的一种，并且对智力因素有一定的影响（Wechsler，1943）。此外，苏联学者米亚西谢夫、包达列夫等心理学家对非智力因素在学习中发挥的作用进行了研究，并得到了学习热情对学习有促进作用的结论。

国内关于非智力因素的研究最早由燕国材教授开展。他提出，非智力因素可从广义和狭义两个角度进行解释：广义上的非智力因素是指除智力以外的其他心理要素；狭义上的非智力因素则包含动机、兴趣、情感、意志和性格五大维度，进一步可细分为成就动机、求知欲望、学习热情、自尊心、自信心、好胜心、责任感、义务感、荣誉感、自制性、坚持性与独立性等 12 个方面（燕国材，2019）。智力因素涉及直接参与客观的认识活动，如感觉、知觉、思维和想象，而非智力因素则包括情绪、兴趣等，不直接参与此类认识活动。尽管对非智力因素的定义尚无统一共识，但多数学者认为其包括兴趣、动机、意志、情感和性格等方面。非智力因素关注的是那些影响个体学习动机、情感体验、认知风格及个体差异，但与智力水平不直接相关的要素，这些因素在教育和学习过程中具有重要意义，值得深入研究。

二、非智力因素的相关研究

对非智力因素的研究往往都是在教学背景下进行的。Mei 等（2023）通过对中小学教师非智力因素的分析，探讨其对中小学教师继续教育教学方法选择的影响，该研究得出以下结论，即培训师应充分考虑中小学教师的非智力因素，并根据这些非智力因素选择合理有效的教学方法。此外，Zhao 等（2023）对中国的中职学生进行了研究，结果发现，中职学生非智力因素的培养在当前中国语境下面临着挑战，应从政府、学校、教师、家庭、学生五个维度入手，制定具体的培养策略，为学生提供一个支持性的环境，激发学生内在的学习动机，推动他们追求卓越。

近年来，随着青少年心理问题日益突出，国家越来越关注青少年的心理健康。一些学者相应地对青少年的非智力因素进行了研究。段鹏阳和范文凤（2019）比较了五年级与八年级学生在学习兴趣、学习自信心和学习意志力的 25 分位数、50 分位数、75 分位数和 90 分位数的回归结果。结果显示，学生的学习兴趣、学习自信心和学习意志力得分在不同年级之间均有显著差异，但差异程度各异。就学习兴趣而言，五年级学生显著高于八年级学生，但随着分位数的提高，两个年级之间的差距逐渐缩小，学习意志力也表现出类似的趋势。然而，在学习自信心方面，五年级学生显著高于八年级学生，且随着得分的提高，两个年级学生的自信心差距在扩大。此外，同伴关系和学校生活满意度等因素也会影响非智力因素。黄和悦（2018）针对中小学数学学习的研究发现，在数学学习中，智力因素直接影响信息的加工与处理，而非智力因素则推动信息加工，并加快数学新旧知识的迁移。

第二节　AR 多媒体学习在教学中的应用

在现代教育中，随着技术的不断发展，AR 多媒体学习作为一种创新的教学工具，逐渐受到关注和应用。AR 技术通过将虚拟信息与现实世界结合起来，为学生提供了更为直观、互动和沉浸的学习体验。本节将详细探讨 AR 多媒体学习的具体应用及其研究进展，旨在全面了解 AR 技术如何推动教育创新并展望其未来的发展潜力。

一、AR 多媒体学习在教学过程中的具体应用

AR 技术将虚拟信息与现实世界结合起来，为用户提供了沉浸式体验，这一特性使其在教育领域有着广泛而丰富的应用。AR 技术可以通过虚拟模型、图表、动画等方式呈现学习内容，帮助学生更好地理解抽象概念。例如，学生可以通过观察动态的 3D 模型学习解剖学知识，或通过 AR 技术标记历史事件发生的地点，从而加深对复杂内容的理解。此外，AR 技术的沉浸式特性在其他学科的应用中也表现突出，如通过模拟教学实验解决教学仪器不足或实验存在危险性等问题。Shelton 和 Hedley（2002）采用 AR 技术进行了九大行星的教学实验，结果表明，AR 技术有助于增强学生之间的互动，促进学生对教学内容的理解。

二、AR 多媒体学习的研究进展与未来展望

近年来，国内外关于 AR 技术在教学中的应用研究取得了显著进展。Chen

（2020）通过整合 AR 与数字游戏，设计了基于 AR 游戏的学习方法，结果显示，AR 与游戏的结合显著提高了学生的学习动机，并促进了学生学习成绩的提高。Avila-Garzon 等（2021）比较了 AR 与传统教学的效果，结果表明，AR 技术能够显著提升学生的学习效果。国内的研究同样也取得了成果，徐媛（2007）探讨了 AR 技术在教学中的应用，并分析了其技术基础与实施方法。张宝运和恽如伟（2010）进一步深入分析了 AR 技术在教育中的应用现状与未来发展，强调 AR 技术有助于提供创新性学习体验，提升教育质量。展望未来，AR 技术的不断创新和发展将为教育提供更加多元化的工具与方式，助力教师提高教学效果，提升学生的学习效果。

第三节 非智力因素对 AR 多媒体学习的影响

在 AR 多媒体学习环境中，学习者的非智力因素，如情感状态、动机、兴趣和学习风格等对学习成效具有显著影响。下面主要从情感因素、动机因素、兴趣因素、学习风格四方面探讨非智力因素对 AR 多媒体学习的影响。

一、情感因素的影响

情感状态会影响学习者对学习的态度和投入程度。当学习者在 AR 多媒体学习中感受到积极情感，如兴奋、愉悦和好奇心时，他们更有可能保持专注并积极参与学习。相反，若学习者在 AR 多媒体学习中感受到消极情感，如焦虑、厌倦或无聊，那么他们可能会对学习失去兴趣，进而影响学习效果。国外学者 Maraza-Quispe 等（2023）通过实验研究 AR 多媒体学习能否提升学生的情绪水平及学业成绩。结果表明，实验组在使用 AR 多媒体学习后，情绪水平显著提升，学业成绩显著高于对照组。这说明 AR 多媒体的使用提升了学生的积极情绪，情绪水平的提高有利于学习。Hernandez-Mosti 等（2018）探讨了积极情绪在 AR 环境中对学习的支持作用，发现 AR 环境下的学习者能够识别更多的户外差异，无论是在户外还是在 AR 环境中，他们都报告了较高水平的享受感，较少感到无聊。

二、动机因素的影响

动机是一个重要的非智力因素。学习者的动机程度会影响他们对 AR 多媒体学习的投入程度和持久性。当学习者有明确的目标，感到学习对自己有用，并获得一定程度的自主选择权时，他们更有可能保持高水平的动机并取得较好的学习效果。如果学习者缺乏动机，如对学习内容没有兴趣或缺乏自我效能感，他们可能会出现学习动力不足的情况，从而影响学习效果。Cabero-Almenara 和 Roig-Vila（2019）等通过实施 Keller 的教材动机调查模型，以确定塞维利亚大学教育学、医学和艺术专业的学生在课堂上使用移动设备提供的 AR 笔记的动机程度。结果表明，学生使用丰富笔记的动机与他们在使用这些笔记的科目中获得的成绩之间存在联系。也就是说，使用丰富笔记的动机可以提升学生的学业成绩。另有证据表明，AR 多媒体有助于学习过程的顺利进行。Cheng（2017）采用三份问卷进行了定量调查，探讨了 153 名学生在进行 AR 阅读活动时感知认知负荷、动机、感知控制态度、感知有用性态度、学习行为和 AR 学习行为之间的关系。结果表明，只有当学生对注意力或信心等动机因素的感知显著时，感知有用性态度和感知认知负荷才会在他们参与未来 AR 学习的行为意向中发挥作用。

三、兴趣因素的影响

学习者的兴趣对 AR 多媒体学习具有重要影响。当学习者对学习内容产生浓厚兴趣时，他们更有可能主动探索和积极参与学习活动，从而显著提升学习效果。相反，缺乏兴趣可能导致学习者产生消极情绪和抵触心理，进而影响学习效果的实现。例如，Hsu 等（2017）开展了一项研究，让 32 名高中生参与了与医学手术相关的两门 AR 课程——"腹腔镜手术"和"心导管插入术"。在完成课程后，学生们对 AR 课程和模拟器表现出积极的认知反馈，即学生对 AR 多媒体课程的浓厚兴趣不仅增强了他们的学习动机，还显著提高了他们的学业成绩。这表明，兴趣在 AR 多媒体学习中扮演着关键角色，有助于优化学习效果。

四、学习风格的影响

学习风格也是非智力因素中的一个重要因素。学习者倾向于以何种方式获取和处理信息，会对 AR 多媒体学习产生影响。例如，一些学习者更喜欢通过触觉和实际操作来学习，而另一些学习者则更喜欢通过视觉和听觉来学习。因此，在设计 AR 多媒体学习环境时，应充分考虑不同学习者的学习风格和偏好，以满足他们的个性化需求，提高学习效果。杨喆文（2017）采用客观测试和主观调查的方式，通过对若干名大二学生进行实验，探究了学习风格和 AR 多媒体学习的关系，结果表明，AR 多媒体学习的使用能够提升学生的学习成效，同时，AR 多媒体学习对学习成效的提升效果会受到学习风格的影响。

综上所述，非智力因素在 AR 多媒体学习中的重要性和影响是不可忽视的。尽管智力因素在学习中起着重要作用，但非智力因素也是影响学习效果的重要因素之一。首先，情感因素是 AR 多媒体学习中的重要非智力因素。人们的情感状态会对学习过程和结果产生深远的影响。正面的情感体验，如兴趣、参与感和满足感等，可以提高学习者的积极性和注意力，促进信息的吸收和记忆；而负面的情感体验，如厌倦、焦虑和挫败感等，则会降低学习者的学习动力和学习效果。因此，在设计 AR 多媒体学习时，要注重激发学习者的情感投入，进而提升学习效果。其次，兴趣能够激发学习者的内在动机，使他们更加主动地参与学习活动。在 AR 多媒体学习环境下，富有趣味性和互动性的内容设计能够有效地吸引学习者的注意力，增强他们的学习兴趣。此外，兴趣还促进了深层次的认知加工，帮助学习者更好地理解和应用所学知识。最后，动机和学习风格也是影响 AR 多媒体学习的重要因素之一。学习者的动机和学习风格直接关系到他们对学习的投入和坚持程度。高水平的学习动机和适宜的学习风格可以促使学习者主动参与学习活动，并使其在遇到困难时保持乐观和积极的心态，进而提高学习效果。因此，在设计 AR 多媒体学习时，应充分考虑学习者的个体差异和动机因素，激发他们的学习兴趣和求知欲。

综上所述，非智力因素在 AR 多媒体学习中具有重要影响。因此，在设计 AR 多媒体学习时，应重视非智力因素的培养和引导，注重创造良好的情感氛围，使学习者产生强烈的学习兴趣，并且应考虑到学习者的学习风格，激发其学习动机，以提高学习效果和学习者的综合素质。

第七章

AR 多媒体学习对激发学生内部
积极情绪的影响研究

《国家中长期教育改革和发展规划纲要（2010—2020年）》提倡加快教育信息化进程，促进教育内容、教学手段和方法现代化。然而，传统教学方式以教师讲授为主导，学生难以在真实世界中进行观察和体验，因此，传统教学方式亟须改革。政策的引导和现实的问题更加凸显了在教学中广泛运用新兴技术的紧迫性。

近年来，VR 和 AR 等新兴技术逐渐融入教育领域，为学习体验带来了全新的可能性（兰国帅等，2022）。AR 多媒体学习作为一种利用 AR 技术支持教育目标的学习方式，精巧地将虚拟世界和真实世界相结合，旨在增进学生的学习体验和理解。新技术的应用可以激发学生的好奇心，唤起学生较为积极的情绪体验，从而对学习效果产生正面影响（徐果，2020）。因此，探究 AR 多媒体学习如何通过唤醒个体内部积极情绪对学习过程产生影响，对于指导教育各个领域更好地利用并推广相关技术，进一步促进我国教育信息化和数字教育的发展具有重要意义。

第一节　指向内部积极情绪的 AR 多媒体学习概述

　　在现代教育领域，情绪逐渐被认知为学习效果的关键因素之一，尤其是内部积极情绪，它能够显著提升学习者的学习动机、注意力集中度和记忆能力。AR 多媒体学习者的情绪状态已经成为设计有效教育工具的重要方向之一。AR 技术作为一种创新的教学工具，通过沉浸式和互动性的特点，在激发学习者内部积极情绪方面展现出独特的潜力。本节将首先探讨激发内部积极情绪在学习中的重要性，然后进一步分析 AR 多媒体学习如何在实际应用中实现这一目标。

一、激发内部积极情绪的重要性

　　情绪可以概括为个体对客观事物进行主观认知而引发的一系列态度体验和相应的行为反应，对个体的行为有着显著影响。学习被视为一个渐进的过程，学生在此过程中可以获取新信息，同时努力改进和完善自己的行为，或者寻找新的行为方式。个体内部情绪与学习过程之间存在着双向的相互影响关系。一方面，学习过程本身可能会激发个体产生各种情绪。例如，在学习较为困难的内容时，学生常常会体验到畏难情绪，从而影响学习效果；另一方面，情绪也可以对学习产生积极的促进作用。具体而言，情绪对个体的长时记忆有积极影响（宋潮等，2015）。通过将情绪与情境相结合，个体的情绪得到更有效的调动，从而使其对学习内容形成更为牢固的记忆。在学习过程中，学习者将经历各种情绪体验。越来越多的研究者开始将研究重点放在探究基于情绪的教学设计如何影响学习者的主观感受和学习结果上（陈佳雪等，2018；龚少英等，2017）。通过激发个体内部积极情绪，如唤起个体对所学内容的兴趣，个体的学习动力得以长期维持（Moher et al.，2009）。一些研究也发现，激发个体内部的积极情绪能够推动学习进程（Pekrun et al.，2006）。例如，Um 等（2012）的研究显示，在学习过程中，与中性情绪激发组相比，积极情绪激发组的学习者表现出更多的心理投入。类似地，Mayer 和 Estrella（2014）通过采用情绪激发手段的研究发现，相较于中性情绪组，积极情绪组的学习者感知到更高的心理努力水平。此外，内部积极情绪的激发也可以提升学习者的学习满意度（Park et al.，2015）。

二、激发内部积极情绪的实现：AR 多媒体学习概述

AR 技术基于 VR 技术发展而来，旨在将虚拟信息与真实环境高效融合（高媛等，2016）。该技术的核心包括显示技术（如投影式、头盔式、手持式设备）、跟踪定位技术、界面可视化技术和标定技术（主要基于摄像机或手动标定）。AR 系统将虚拟信息整合至用户的物理世界感知中，允许用户通过显示设备与模拟环境进行互动。这种技术能在真实环境与虚拟对象重叠后，在同一画面上展现视觉效果（吴骞华，2019）。作为一种教学辅助工具，AR 技术能提升教学效率和改善学生的学习体验，从而惠及教师与学生。

多媒体学习涉及对语言和图像材料的学习，其目标是通过并行展示文本和图像来促进学生的有效学习。其中，文字主要包括印刷文字和口头语言等；而图像则包括静态插图、照片、以及动态动画和视频等（韩笑等，2021）。随着教育方式的不断改革，相较于传统的板书课堂，多媒体学习已在各学段的课堂上得到普及，成为一种常见的教学方式（英贾，2021；朱艳霞，2020）。多媒体技术的应用不仅丰富了学生的学习资源和教师的教学形式，还为设计创新性学习材料提供了更大的操作空间。同时，随着互联网的发展和便携设备的普及，多种技术呈现方式也得到了广泛应用（王福兴等，2016）。

在不同的学习领域，各种新技术相互结合以促进教学互动。将 AR 技术与多媒体教学方式相结合，通过创造教学工具或情境，将现实环境与虚拟环境相叠加，可有效提高学生的学习效果，激发其学习兴趣（Moher et al.，2009；Ozdamli & Hürsen，

2017 ）。AR 多媒体学习就是一种较为新颖的技术结合的产物，它借助 AR 技术，在真实世界中叠加虚拟数字信息，学生可以通过智能设备，如智能手机、平板电脑或 AR 眼镜等，在实际环境中观察、探索和参与学科内容，与虚拟信息进行互动，并应用所学知识解决问题，从而提升学习体验（袁庆曙等，2021 ）。

第二节　AR 多媒体学习的典型特点

近年来，由于 AR 技术的便捷性、真实性、交互性和实用性等特点，其在教育领域的影响力逐渐扩大。已有研究发现，在教学过程中引入 AR 技术具有巨大的潜力，可以有效促进教师和学生的互动（Dede，2009；蔡苏等，2017 ）。AR 技术在教学中的优势显而易见，能够与传统多媒体相结合，使学习者能够在真实环境中接触学习内容，并能通过视觉、听觉等多种感官通道对学习内容进行加工。AR 技术作为一种新型学习工具，丰富了过去的教学方式，在教学中拥有一系列独特的优势。

一、丰富的学习资源

AR 多媒体学习通过提供丰富的资源和展示多模态信息，有效传达学习内容，并增强了学习材料的信息呈现方式和理解深度（Cristancho et al.，2011 ）。与传统的二维媒体课堂相比，AR 技术通过使用三维模型和动画，弥补了学生在空间理解方面的不足，使他们能够更直观地掌握空间立体的概念。例如，在数学教学中，AR 技术可以将二维图形转换为三维模型，帮助学生更好地理解空间向量、距离以及点线面的关系。

二、沉浸式学习体验

AR 技术通过创造真实感十足的学习场景，可为学习者提供深度沉浸的学习体验。情境认知学习理论强调认知过程受到情境影响的本质，认为在真实或接近真实的学习情境中进行学习，有助于学生更好地理解知识并将其应用于实际情境中（王文静，2002）。然而，传统的课堂教学由于场地和技术限制，很难为学生创造出丰富多彩的学习场景。AR 技术的引入为解决这一问题提供了新的途径。根据不同的学习主题，AR 技术通过虚实结合的特性，能够在有限的空间内构建接近真实的学习情境。学生通过佩戴 AR 设备和传感器，可以与逼真的场景内容进行互动，从而获得身临其境的学习体验。

以小学科学课为例，当以动物种类多样性为主题进行教学时，教师可以利用 AR 技术展示不同动物的三维模型，并创建仿真动物园场景，让学生仿佛置身于真实的环境中，实现沉浸式学习，深化其对知识的理解和应用。

三、为多样化教学策略提供技术支持

利用 AR 技术进行教学为广泛采用的多元教学策略提供了切实可行的技术支持。在规划和实施学习活动时，教师应根据学习目标、学习内容及学生特点，选择适宜的教学方法，如探究式、体验式或合作学习等，以确保学习活动的有效性和教学效果的提升。借助 AR 技术，原本在传统课堂中难以实现或效果有限的教学策略可以充分发挥其优势。

探究式学习将问题置于核心位置，激励学生通过自主探索和实际操作来获得知识（都兴芳，刘平，2005）。将 AR 技术应用在探究式学习中，通过其三维展示能力，可使问题情境变得更加生动真实，帮助学生更快融入并深入理解问题背景，从而促进假设的提出和探究方案的设计。在实施探究实验时，AR 技术能在某种程度上取代实体实验设备，让学生通过虚拟仿真的实验系统进行探究活动。这种方法的主要优势在于其高安全性和准确性。例如，在化学实验模拟中，AR 技术能够使学生在完全安全的环境下体验现实中难以操作或具有危险性的实验。同时，由于 AR 技术能减少实体实验中可能出现的系统误差和随机误差，实验现象的展示更为精确，有助于学生正确发现和总结实验结果。例如，在物理教学中，利用 AR 技术模拟凸透镜成像实验，能有效消除诸如光线、设备高度等无关因素的干扰，确保实验结果的准确性，从而提升学生的学习效果。

四、广泛的应用场景

AR 技术具有广泛的应用场景。学生在课堂上可以通过简单的手势操作，如翻页、滑动、确认等进行 AR 多媒体学习，将虚拟世界与现实相结合，提高学生学习的积极性和互动性。例如，在英语课堂上，通过 AR 设备轻扫图片，屏幕随即呈现出有关单词的具象动态画面、释义以及不同语言的发音。现实和虚拟信息相互叠加，呈现在同一画面或空间中，丰富了信息呈现的内容，同时提升了学生的参与度和互动性。这种方式极大地增强了展示效果，使不同年级的学生能够更好地融入知识学习的氛围中，发挥了寓教于乐的教学功能。

第三节 AR 多媒体学习与学生积极情绪的关系

AR 多媒体学习通过虚拟元素和交互性的方式呈现信息，为学生提供了更加直观、感性的学习体验。在应用过程中，AR 技术通过将虚拟信息与真实环境进行重叠，将二维信息转换为三维立体的形式进行展示，不仅对学生的认知有显著影响，而且能够显著激发学生内部的积极情绪。

一、减少认知负荷

AR 多媒体学习通过其独特的虚拟元素和交互性质，以直观、感性的方式呈现信息，可以在很大程度上减少学生的认知负荷。传统的学习方式以教师讲授为主，学生被动地接受知识并加以记忆，这种通过简单的文字、言语或者图片来学习知识的方式容易导致学生的认知负荷过度累积，从而降低学习效率。然而，AR 技术的引入可以改变这一现状。一项研究发现，AR 技术能够提供更多的感官输入和情境化信息，使知识更易被理解和吸收，从而减少了学生的认知负荷（Kerawalla et al.，2006）。这种直观的学习方式有助于学生更好地理解抽象概念，使信息更容易存储在长时记忆中。Mayer（2005）的多媒体学习理论进一步强调了 AR 技术有助于避免过度加载工作记忆，从而优化信息的传递与消化。

二、建立情感联结

AR 技术的显著优势在于其能够创造生动、引人入胜的模拟学习场景，通过与情境的互动，帮助学生与学习内容建立更深层次的情感联结。学习不仅仅是单向的信息传递与吸收过程，更是一种情感交互与体验的过程。借助 AR 技术，学生可以沉浸在与学习内容密切相关且更为直观的虚拟学习环境中，将抽象的知识具体化，并与具身认知相结合，从而与知识内容产生更为深刻的情感联系。研究表明，AR 技术能够提高学生的情感投入度，加深其对学习内容的情感认知（Chen & Tsai，2012）。新颖的学习方式能够在学习初期激发学生的情感，这种情感的参与不仅使学习变得更加有趣，而且有助于激发学生内部的积极情绪，如兴奋、好奇与满足感。AR 技术还可以根据学生的兴趣和学习风格个性化地呈现教育内容，从而更好地激发他们的积极情绪。因此，采用 AR 技术的教学方式，不仅能有效传递知识，还能促进情感的交流与共鸣。

三、促进实践性和体验学习

AR 多媒体学习以其互动性和真实感，为学生提供了实践性学习的机会，通过亲身体验学习，激发了他们的好奇心和学科兴趣。学生通过 AR 技术可以在虚拟环境中进行实践，模拟真实场景，使学科知识变得更加具体而实用。这种体验式学习不仅强调了学习的感知和实践之间的联系，还能够激发学生对学科的兴趣和热情。研究发现，学生通过 AR 技术参与实践性学习，能够更深入地理解抽象概念，并展现出更强烈的学科探索欲望（Akçayır M & Akçayır G，2017）。这一研究突出了 AR 技术在提供身临其境学习体验方面的有效性，有助于促进学生对学科知识和概念的深入理解。通过在虚拟环境中模拟真实场景，学生能够更直观地理解学科知识，从而进一步激发他们对学科的浓厚兴趣。

第四节　AR 多媒体学习对积极情绪激发效果的影响因素

一、技术可用性和学习设计差异

AR 技术的可用性对于学习体验的优化至关重要。研究表明，AR 技术的稳定性、交互性以及用户友好性直接关系到学生的积极情绪体验。近年来，学者在 AR

学习设计方面提出了一系列原则，如个性化学习路径、清晰目标设定、引导性反馈等，以最大限度地提升学生的参与度和兴趣。一项研究指出，AR 技术在教育中的应用需要特别关注用户体验，包括技术的易用性和对学习任务的支持程度（Dunleavy et al.，2009）。在学习设计方面，Chen 和 Tsai（2012）的研究发现，AR 系统的交互性和信息呈现方式会对学生的学习成果与情感体验产生显著影响。

二、不同学科差异

在不同的学科中，AR 多媒体学习对学生积极情绪的激发方式与效果存在显著差异。近期研究强调了在 AR 学习设计中充分考虑学科特性的重要性。在科学类学科中，AR 技术能够有效地呈现抽象概念，激发学生的兴趣和好奇心（Akçayır M & Akçayır G，2017）。然而，在人文类学科中，AR 的应用更注重情感与体验的表达，以及学科内实际应用的演绎（Bacca et al.，2014）。因此，在技术应用的过程中，一定要结合不同学科的特点，扬长避短，将技术优势发挥到最大化。

三、个体差异和动机唤起

个体差异和认知风格会对学生对 AR 多媒体学习的积极情绪反应产生深远影响。学生的学习风格、认知策略以及先前的学科经验会影响其对 AR 学习的接受程度（Wu et al.，2013）。因此，在 AR 学习设计中，需要考虑不同学生的个体差异，提供个性化的学习体验。此外，一项研究发现，AR 技术的使用可以从注意力、信心等相关维度唤起学生的学习动机，从而达到提高成绩的目的（Chiang et al.，2014）。这也突出了通过技术的应用唤起学习动机的重要性。

第五节　未来应用和教育实践建议

一、合理选择教育平台

技术的完美应用需要依托于一个良好的平台，选择合适的教育平台对于整合 AR 多媒体学习至关重要。在选择平台时，应重点考虑以下因素。

（一）操作简便性

选择操作简便、易于理解的平台，能够减少学生和教育者在使用过程中的困难。一个直观且用户友好的界面可以帮助教育者快速掌握平台的基本功能，使他们能够将精力集中在教学内容的设计与实施上，而非平台操作上。简便的操作方式同样能提高学生的学习体验，使他们能够轻松适应并有效参与到 AR 多媒体学习中，避免因复杂的操作流程而产生的困扰或挫败感。这样，学生和教师的学习与使用效率得以提高，进而提升整体的学习效果。良好的平台设计应具备清晰的界面和简化的操作流程，让用户能够轻松找到所需的功能。例如，平台支持快速切换学习模式、即时反馈以及互动功能的设计，可以更好地满足不同教学需求，提升学习的效果与互动性。此外，平台还应提供完善的帮助文档和教程，帮助用户迅速解决技术问题，进一步简化使用过程。随着 AR 技术的逐步普及，平台的易用性将成为其得以成功应用的重要因素。

（二）学科内容融合以及丰富性

在选择平台时，需要确保所选平台与不同学科的内容可以相融合，使得 AR 技术能够贴近教学实践，更好地满足学科需求。更重要的是，AR 多媒体学习的成功与否在很大程度上取决于平台提供的内容。平台所涵盖的内容应具备以下特点：①多样性。优先选择那些能够提供多样化、涵盖多学科领域的 AR 内容的平台，以激发学生的好奇心和主动学习的欲望（Akçayır M & Akçayır G，2017）。这种多样化的内容可以更好地适应不同教学场景和主题。②互动性。选择具有高度互动性的 AR 内容，以增加学生对学科的参与度。这有助于打破传统教学的单一模式，使学习变得更具吸引力。

（三）适应性和定制性

为了满足不同学科和教学目标的需求，选择支持定制化的平台是至关重要的。这就涉及平台是否能够灵活应对不同的教学场景和需求。其中，学科适应性需要确保平台能够适应不同学科的教学要求，例如，对于科学课程和艺术课程，平台应当提供不同类型的 AR 内容和工具。此外，要保证教学目标具有定制性，选择支持教育者定制化课程内容的平台，以确保 AR 多媒体学习与教学目标紧密结合，提高教学效果。

二、合适的课程设计

在设计课程时，教育者需要充分考虑 AR 多媒体学习的特点，使之能够有针对性地激发学生的积极情绪。合适的课程设计应包括以下方面。

（一）设定清晰目标

在设计课程时，教育者应充分考虑 AR 多媒体学习的特点，以确保技术的应用能够有针对性地激发学生的积极情绪。首先，教学目标需明确，应明确在课程中应用 AR 技术的目标，如提高学生的学科理解力、创造力等，这有助于确保 AR 技术的使用与教学目标一致，避免技术应用过程中出现目标模糊不清等问题。其次，教学与技术需相互融合，确保 AR 技术与课程目标融为一体，而非简单地将技术应用于教学。这就需要教育者深入了解 AR 技术的潜在教育效果，并将其有机地融入到课程设计中。

（二）融入真实场景

AR 技术的独特之处在于其能够将抽象概念融入真实场景中。在课程设计中，教育者应充分利用这一特点，增加学科内容的可视化，从而激发学生的好奇心和探索欲望。一方面，要尽可能做到场景还原，利用 AR 技术重现真实场景，让学生能够在虚拟环境中亲身体验学科知识，这种直观的体验可以大大增进学生对知识的理解和记忆；另一方面，要充分利用 AR 技术虚实结合的特点，结合虚拟和实际场景，创造更加丰富的学习体验。例如，在历史课上，可通过 AR 技术让学生参与到历史事件中，加深他们对历史的兴趣和参与感。

（三）促进合作与互动

为了提高学生的参与度和社交能力，教育者应设计具有挑战性的 AR 任务，鼓励学生组成小组，共同探讨和解决问题。这不仅可以提高学生的参与度，还有助于培养学生的团队合作能力和沟通能力。同时，教育者借助 AR 技术，可以为学生创造一个实时互动的学习环境。例如，在地理课程中，AR 地图的应用，可以让学生实时交互并共同探讨地理信息。

三、加强对教育者的培训和支持

教育者的培训和支持是成功整合 AR 多媒体学习的关键因素。任何技术从产生到广泛使用，都存在一个学习过程。对于技术的使用者来说，不断地学习也是必需的，只有熟练地掌握并运用技术，才能使技术产生的效益最大化。为加强对教育者的培训和支持，可从以下几个方面努力。

（一）提供一定的培训资源

为了确保教育者能够充分利用 AR 技术，教育机构应提供相关的培训资源，包括在线培训课程、培训手册、教学视频等，帮助教育者熟悉平台操作和 AR 技术应用情况等。

（二）鼓励实践和分享经验

教育者在使用 AR 技术进行教学时，应鼓励他们分享经验和教学案例，可以通过建立教育者社区、举办研讨会或在线平台分享等，促进彼此之间的经验交流，进而共同提高 AR 教学水平。

（三）确保教育机构提供及时且有效的技术支持

由于 AR 技术可能涉及一些技术难题，教育者在教学过程中可能会遇到各种挑战，这就需要有一个可靠的技术支持团队能够及时帮助解决问题，以保证 AR 教学的顺利进行。

四、评估和反馈

适时的评估和反馈能够规范技术发展的方向，并及时发现问题，查漏补缺，具体应考虑以下几个方面。

（一）制定合理、清晰的评估标准

在整合 AR 技术的教学中，制定清晰的评估标准是至关重要的。这些标准应该涵盖技术的使用、学生的参与度、学科理解等方面，从而确保教学目标得以实现。

（二）引入多元化评估方式

在对学生进行评估时，教育者应不仅仅依赖于传统的考试评估，还可以结合项目作业、小组任务、实际场景模拟等方式，全面评估学生在 AR 学习中的表现，这有助于更准确地评估学生的综合能力和技术运用水平。

（三）提供及时反馈

及时的反馈对于学生和教育者都是至关重要的。教育者利用 AR 技术可以实现实时反馈，帮助学生及时纠正错误，同时也能了解自身的教学效果，并据此进行及时调整和改进。

AR 多媒体学习在激发学生内部积极情绪方面展现出引人瞩目的潜力。AR 技术在教育中的运用能够显著促进学生的好奇心、主动性和参与度，从而激发其积极的情绪体验。在教育实践中，AR 多媒体学习被视为一种创新的教学手段，为教育带来了广阔的发展前景。AR 多媒体学习不仅可以为学生带来更具吸引力和趣味性的学习体验，还可以促进学生的认知能力和创造性思维的发展。此外，AR 技术甚至能够提供跨时空的学习体验，为学生提供更加丰富和多样的学习资源。因此，这一技术的应用有广泛的前景。未来研究应不仅局限于探讨 AR 多媒体学习对学生内部情感的影响，还应从多个角度出发，进一步探究 AR 多媒体学习对学习过程的影响。

第二篇

实 证 篇

第八章

AR 多媒体学习：消极学业情绪补偿与高效率学习

近年来，随着素质教育的普及，高效率学习备受关注。它要求学生发挥自身的主观能动性，在有限时间内高效达成学习目标，且保证学习质量。高效率学习能使学生产生正向情绪，减少学习倦怠。基于此，本章将探究 AR 多媒体学习中影响学生高效率学习的因素。

AR 技术作为一种交互手段，有助于提升学生的学习专注力和认知能力，但目前研究者关于其效果仍存在一定争议。因此，本章将通过实验法验证 AR 学习系统的可用性。

此外，性别和学业情绪也是影响 AR 学习效果的重要因素。男性和女性在信息技术与互联网使用方面存在差异，可能会影响他们对 AR 学习软件的接受程度和使用效果。积极学业情绪能增强学生的学习兴趣，促进其进行自主调节学习。AR 技术通过构建交互式学习环境，可以激发学生的积极情绪，补偿消极情绪的影响。因此，本章将探讨不同性别与不同学业情绪的学生在 AR 多媒体学习环境中的集中度（attention）和放松度（meditation）差异。

第一节　AR 多媒体学习中促进学生高效率学习的影响因素研究

一、被试

本研究以河北省小学三年级 20 名传统的文本学习的学生和 21 名 AR 学习的学生为研究对象，其中男生 18 人，女生 23 人，年龄为 9—10 岁。被试的基本情况见表 8-1。

表 8-1　被试的基本情况

项目	分类	人数（人）
性别	男	18
	女	23
学习方式	AR 学习	21
	文本学习	20

二、方法

本研究采用访谈法，通过面对面的方式与访谈对象进行半结构化访谈。在访谈过程中，对于学生理解不清楚的地方，研究者会进行统一解释。在正式访谈前，研究者查阅了相关文献，初步拟定了访谈提纲，访谈提纲分为结构化问题和非结构化问题：结构化问题主要考察影响学生高效率学习的学业情绪、学习适应性、学业归因、成就动机目标定向等因素；非结构化问题为"你认为影响你高效率学习的因素是什么"。基于小学生的认知发展特点，本研究将访谈问题通俗化，从而确定了最终的访谈提纲。访谈的主要问题有：①你之前使用过 AR 学习软件进行学习吗？②你觉得使用 AR 学习软件会影响到你对学习的认识吗？③在使用 AR 学习软件时，你的情绪怎么样？④你认为使用 AR 学习软件会让你学得更快、更好吗？⑤你认为影响你高效率学习的因素是什么？⑥你觉得在日常学习中，你的学习适应能力怎么样？⑦你认为学习是为了什么？⑧你认为应该把自己目前的学业成绩归因于自己还是外界其他环境？在访谈提纲的基础上，研究者围绕主要问题与访谈对象进行深入交流，根据具体情况对访谈对象进行追问，明确其观点，保证收集资料的准确性。

三、研究程序

每次访谈地点设在小学的心理健康教室，与访谈对象的班主任老师进行沟通后，助手带领学生进入等候教室，等待访谈。在正式访谈前，访谈者向学生介绍自己并阐明访谈的目的。在获得访谈对象的同意后，让其签署知情同意书，并告知访谈对象访谈内容将保密。访谈过程将通过录音方式进行记录，并根据每位访谈对象的特点调整提问方式。每次访谈时间在 12 分钟以内，访谈结束后将录音材料转换为文字资料，使用 Nvivo 11 软件对文字资料进行分析，从而确定影响学生高效率学习的因素。

四、资料分析

采用三级编码的方式对访谈资料进行分析，即初始编码、聚焦编码和轴心编码。初始编码类似于开放性编码，主要是将数据或信息进行初步的、开放性的分类和整理。聚焦编码类似于经典扎根的选择性编码，主要是对初始编码中产生的概念或主题进行进一步的筛选和聚焦。轴心编码类似于主轴编码，主要是将聚焦编码中确定的核心概念或主题进行整合和连接，形成一个更为连贯和系统的理论框架。

具体来说，通过初始编码形成一级编码，如对于原始材料"平时高兴、快乐情绪比较多，我没有任何时候因为没写完作业而感到不开心，大多数时候还是觉得学习是开心、快乐的"，一级编码为快乐情绪；对于原始材料"情绪没有什么激动，就很平淡，很少有特别高兴的时候"，一级编码为平静情绪。通过聚焦编码形成二级编码，以上述为例，二级编码分别为积极高唤醒情绪、积极低唤醒情绪。在二级编码的基础上再进行进一步的概括，以形成轴心编码，以上述为例，轴心编码为学业情绪。最终采用 Nvivo 11 软件，对收集到的所有原始资料按照上述三级编码的形式进行分析，从现象抽取核心概念，从而构建影响学生高效率学习的理论模型。

五、结果与分析

研究发现，AR 学习组和文本学习组的小学低年级学生在高效率学习的影响因素上表现出不同的特点，以学业归因为例，从表 8-2 中可以看出，AR 学习组和文本学习组的学生都将自己的学业成功归因于努力、外界的帮助、环境。此外，对于学习失败，除努力外，文本学习组的学生将其归因于失误，而 AR 学习组的学生则将其归因于情绪和准备不足，可见两组学生普遍将学业失败归因于个体自身因素。

表 8-2　不同学习方式下学生的学业归因分析

学习方式	学业成功归因类型	示例	学业失败归因类型	示例
文本学习	努力、外界的帮助、环境	（1）我觉得是自己的努力使自己的学习达到中等偏上的成绩 （2）我觉得是自己的努力，因为我学习一直比较认真 （3）我觉得环境会影响自己，因为安静的时候我学得比较好 （4）我在学英语的时候，我妈会给我报辅导班，老师教导我们学习要劳逸结合	努力、失误	（1）我觉得是自己努力不够，上课不认真听讲 （2）我觉得是因为自己不够认真，虽然之前上幼儿园时我比别人早学一点，但是现在我有点跟不上了 （3）前一天我背会了，第二天我妈问我的时候我已经忘了，还是自己努力不够吧
AR 学习	能力、努力、外界的帮助、环境	（1）课外辅导有助于提高我的学习成绩，我妈也经常让我做一些练习题，还跟老师教得好也有关系 （2）老师教得好，自己课下也努力复习了 （3）因为老师教得好，所以自己也能更好地理解知识。在家学习的时候，当我遇到不会的题时，爸妈也会给予帮助 （4）我觉得是因为自己本来就学得比较好，跟爸妈和老师的关系不大	努力、情绪、准备不足	（1）老师突然说下节课就考试了，我来不及复习，主要还是因为自己，跟父母和老师没有关系 （2）不知道因为什么，我的心态比较浮躁，应该是上次去奶奶家玩的时候每天都看电视，回来之后我就学不进去了 （3）我觉得是因为自己不够努力，如果自己努力的话，我就可以像其他人一样考得好

文本学习组和 AR 学习组在学业情绪问题上的访谈内容详见表 8-3。从表 8-3 中可以看出，两组学生在学校学习中体验到的学业情绪以积极高唤醒情绪为主，即在学校学习过程中更多体会到高兴、快乐的情绪，其中，AR 学习组学生在学校中没有体验到积极低唤醒情绪。

表 8-3 学业情绪子节点编码表

学习方式	学业情绪	示例	参考节点数
文本学习	积极高唤醒情绪	（1）开心，老师讲课的时候我特别开心，因为可以学到新知识 （2）平时情绪非常好，非常高兴	15
	积极低唤醒情绪	（1）平淡情绪比较多，没有特别高兴，也没有特别不高兴 （2）情绪没有什么激动，很平淡，很少有特别高兴的时候	2
	消极高唤醒情绪	比较闷，感到不高兴	1
	消极低唤醒情绪	（1）觉得有点枯燥，没意思 （2）难过，不高兴	2
AR 学习	积极高唤醒情绪	（1）大多数是开心、快乐的 （2）快乐，还有好奇 （3）学习有意思，很开心，9 分都是开心	17
	消极高唤醒情绪	（1）学习情绪有时候比较紧张，怕跟不上（学习进度） （2）学习的时候有一点点紧张	2
	消极低唤醒情绪	（1）无聊、枯燥的时候比较多 （2）无聊、没意思	2

通过 Nvivo 11 软件将学生叙述的文本材料生成词云图，结果出现了情绪、学习、增强现实、能力、适应、奖励、外界、妈妈、快乐、兴趣、努力等关键词。本研究的项目关系图见图 8-1。我们将影响学生高效率学习的因素分为内部因素和外部因素，在对访谈材料进行进一步分析后发现，在 AR 学习和传统的文本学习环境下，影响小学低年级学生高效率学习的因素有一定的差异，见表 8-4 和表 8-5。在 AR 学习环境下，影响学生高效率学习的内部因素包括学业情绪、学业认知（学业归因、学习态度、学业自我概念、学业成就目标定向）、兴趣、学习适应性和性格；外部因素包括学习环境、家庭环境[①]、学业压力、教师教学以及 AR 学习方式。在传统的文本学习环境下，影响学生高效率学习的内部因素包括学业情绪、学业认知

---

① 家庭环境也属于学习环境的一种，考虑到家庭和父母对小学生的影响仍然较大，本研究中专门将家庭环境单列了出来。

（学业归因、学业自我概念、学业成就目标定向）、兴趣、学习适应性、性格、智力因素、学习方式、自我管理能力；外部因素包括学习环境、同伴关系、家庭环境、学习难度、先前对 AR 学习的了解。

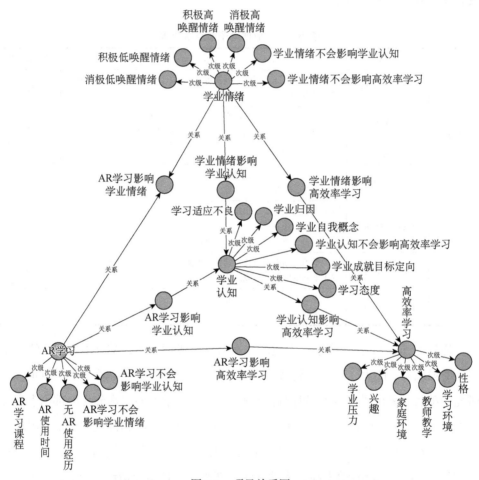

图 8-1　项目关系图

表 8-4　AR 学习环境下影响学生高效率学习因素的访谈编码分类

影响因素	轴心编码	聚焦编码	参考节点数
内部因素	学业情绪	积极高唤醒	17
		消极高唤醒	2
		消极低唤醒	1

续表

影响因素	轴心编码	聚焦编码	参考节点数
内部因素	学业认知	学业归因	21
		学习态度	1
		学业自我概念	20
		学业成就目标定向	21
	兴趣	学习兴趣	14
	学习适应性	学习适应良好	17
		学习适应困难	2
	性格	性格特征	3
外部因素	学习环境	学习环境	13
	家庭环境	父母	6
	学业压力	学习负担	1
	教师教学	教师教学水平	1
	AR 学习方式	AR 学习	20

表 8-5　文本学习环境下影响学生高效率学习因素的访谈编码分类

影响因素	轴心编码	聚焦编码	参考节点数
内部因素	学业情绪	积极高唤醒	15
		积极低唤醒	2
		消极高唤醒	1
		消极低唤醒	2
	学业认知	学业归因	18
		学业自我概念	20
		学业成就目标定向	16
	兴趣	学习兴趣	6
	学习适应性	学习适应良好	15
		学习适应中等	1
	性格	个人性格	5
	智力因素	高智商	1
	学习方式	休息时间	2
	自我管理能力	自律	1

续表

影响因素	轴心编码	聚焦编码	参考节点数
外部因素	学习环境	学习环境	3
	同伴关系	同伴	4
	家庭环境	父母	6
	学习难度	学习内容难度	1
	先前对 AR 学习的了解	接触 AR 学习的时间	4
		对 AR 学习的课程的了解	4

　　本研究进一步考察了影响小学低年级学生高效率学习因素间的相互关系，AR 学习组学生认为，其在 AR 学习环境下比在传统的文本学习环境下的学习效率更高，AR 学习能够激发他们的学习兴趣，使他们产生积极学业情绪。文本学习组中有少部分学生之前接触过 AR 学习，他们认为相比于传统的文本学习方式，他们在 AR 学习环境下的学习效率更高，积极情绪的唤醒程度更高。AR 学习组（91%）和文本学习组（95%）的学生提及学业情绪会促进高效率学习的人数占比均在 90%以上。学生在积极正向的情绪下学习，学习效率自然会提高，如有学生表示"在比较高兴的时候学得比较快，不高兴的时候学了一个单词就忘了，学习效率比较低"。

　　影响小学低年级学生高效率学习的另一个因素为学业认知。学业认知的二级编码包括学业归因、学习态度、学习自我概念、学业成就目标定向。AR 学习组提及学业认知会促进高效率学习的人数占比（53%）高于文本学习组的人数占比（47%）。AR 学习组提及学业情绪会促进学业认知的人数占比（75%）高于文本学习组的人数占比（55%）。AR 学习组提及学业情绪会促进学业认知进而提高高效率学习的人数占比（62%）高于文本学习组的人数占比（30%）。AR 学习组提及使用 AR 软件学习会影响他们对学习的认识的人数占比为 81%，他们认为，AR 学习环境会让学习过程更有趣，有助于促进高效率学习。

　　在上述分析的基础上，本研究建立了 AR 学习环境下小学低年级学生高效率学习的影响因素模型，如图 8-2 所示，从中可以看出，影响学生高效率学习的因素是非常复杂的，内、外部因素综合作用，共同对学生高效率学习产生影响。有研究发现，良好的情绪可以激发个体对学习内容的兴趣，进而促进个体的主动参与性

（ Pekrun et al., 2017 ）。这提示我们，在教学过程中，教师可以借助 AR 技术，通过虚实结合的方式促进学生的高效率学习，尤其是在学习相对抽象、晦涩的知识时，AR 技术有助于引起学生对学习内容的兴趣，激发他们产生积极高唤醒情绪，使他们形成正向的学业认知，从而促进其高效率学习。

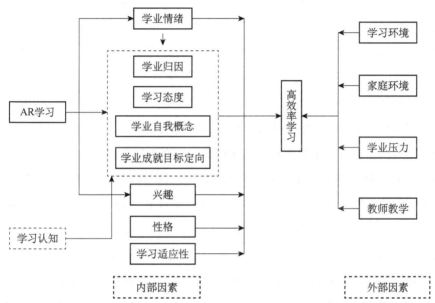

图 8-2　AR 学习环境下小学低年级学生高效率学习的影响因素模型

六、讨论

（一）AR 学习环境下小学低年级学生高效率学习的内部影响因素编码

本研究将录音材料转成文字资料后进行三级编码，将影响小学低年级学生高效率学习的因素作为轴心编码，分为内部因素和外部因素，结果发现，在 AR 学习环境下，影响学生高效率学习的内部因素为学业情绪、学业认知（学业自我概念、学习态度、学业归因、学业成就目标定向）、性格、学习适应性和兴趣共 5 个节点。

在研究预期的基础上，本研究还发现了个体的性格、兴趣、学习适应性等因素的影响。通过对访谈内容的深入分析发现，这些影响因素并不是单独发挥作用的，而是存在综合作用。具体而言，第一，在 AR 学习环境中学习激发了学生的学习兴趣，促进其高效率学习；第二，在 AR 学习环境中学习引发了学生的积极学业情绪，促进其高效率学习；第三，在 AR 学习环境中学习在一定程度上会改变学生的认知，促进其高效率学习；第四，在 AR 学习环境中学习所形成的积极学业情绪会影响学生对学习的认知，进而影响其高效率学习。相比于传统的文本学习方式，AR 学习具有新颖性、真实性等特点，更容易引起学生的学习兴趣，使其形成积极正向的学业情绪。无论是在传统教学中还是在 AR 学习环境下，学业情绪都对学生的学习效率发挥着重要的作用，学生在学校中更多体验到的是高兴、快乐的积极学业情绪，负面消极的情绪会占用个体大量的认知资源，从而干扰学习过程，降低学习效率。积极正向的学业情绪能够提高学生的学习效率，这与以往的研究结果一致（蔡红红，2021；贾智刚，2019）。在 AR 学习组中没有出现平静、放松、积极低唤醒情绪的学生，这可能与访谈对象情绪感知能力的个体差异有关。学业认知作为影响学生高效率学习的另一个重要因素，通过对访谈文本的分析发现，学业认知二级编码又可以划分为学业自我概念、学习态度、学业归因、学业成就目标定向。其中，学业自我概念是指学生在学习过程中对自己的学业发展所产生的认知、体验和评价（李振兴等，2020），自我概念与学生的学习效率有关（吴颖芳，2012）。不同的个体由于所处环境和家庭教育方式的不同，对学习的认知也会存在差异，在 AR 学习环境下，在积极正向的学业情绪的作用下，个体的自我效能感水平较高，对自己的学业认知也较为积极，学习效率也会提升。

（二）小学低年级学生高效率学习的外部影响因素编码

在 AR 学习环境下，影响小学低年级学生高效率学习的外部因素包括学习环境、家庭环境、学业压力、教师教学和 AR 学习方式。学习环境是个体在学习过程中所处的环境，对访谈材料的分析发现，在安静的学习环境下，学生的学习效率会更高，这与已有研究结果一致（党梅，何广英，2020）。学习环境还包括学生的家庭环境，家庭环境是个体最早接触、受影响最大的环境，家庭环境中的父母关系、亲子关系和父母的情绪状态等都会影响学生的高效率学习。学业压力是指学生在学习过程中感知到的压力，较大的学业压力不仅会影响学生的高效率学习，还会使其产生学业倦怠（司徒巧敏，2014）、适应不良（王亚可，陈建文，2018）等问题，最终对学生的身心健康产生消极影响。教师是学生学习活动的重要参与者，教师的教学方式、教学风格等也会影响学生的高效率学习。此外，AR 学习方式本身对学生的学习效果也具有重要影响。AR 技术通过将虚拟信息与现实环境相结合，为学生提供了更具互动性和沉浸感的学习体验，这种新型的学习方式能够激发学生的学习兴趣，提升其参与感，进而促进高效率学习。

（三）两种学习环境下小学低年级学生高效率学习影响因素的对比分析

在传统的文本学习环境下，影响小学低年级学生高效率学习的内部因素包括学业情绪、学业认知（学业归因、学业自我概念、学业成就目标定向）、兴趣、学习适应性、性格、智力因素、学习方式和自我管理能力 8 个节点，外部因素包括学习环境、同伴关系、家庭环境、学习难度、先前对 AR 学习的了解 5 个节点。具体而言，在传统的文本学习环境和 AR 学习环境下，影响学生高效率学习的因素略微有所差异，整体来看，在两种学习方式下，影响学生高效率学习的因素都被划分为内部因素和外部因素。访谈还发现，在 AR 学习环境下学习的学生和在传统的文本学习环境下学习但有过 AR 学习经历的学生一致认为，相比于传统的文本学习，AR 学习会促进他们学习效率的提升，这也提示我们要重视 AR 技术在教育教学中的研发和应用，尤其是在学习相对抽象、逻辑性较强的内容时，这种虚实结合的 AR 技术有助于学生加深对学习内容的认识和深入理解。

第二节　AR 学习系统的可用性研究

一、被试

本研究的研究对象为河北省某小学二年级和三年级的学生，其中二年级 48 人，三年级 51 人，学生年龄为 7—9 岁。

二、仪器和工具

AR 学习软件:《小宝动物园》学习软件是一款基于 AR 技术的儿童启蒙教育产品，由北京智合清扬科技有限公司研发，支持 iOS 系统和 Android 系统。该学习软件采用了先进的 AR 技术，将虚拟动画和真实空间相融合。它提供了 64 张学习卡片，每张卡片的一面是文字和与之相对应的单词，另一面是动物的图片。儿童在学习时，通过使用与该产品配对的 APP 来扫描学习卡片，就可以看到栩栩如生的三维立体动物全息影像，同时还伴有动物的声音，为儿童营造了身临其境的感觉。儿童可以用手指 360 度滑动屏幕，随意转动屏幕上的动物图片，以进行更为细致的学习。每个卡片扫描完后，还配有对该单词的详细中文解释以及中英俄韩四种语言的读法，儿童可以根据自身需求选择以上内容进行学习。本研究中使用的 Android 手机安装了该软件。

单词难易度评估表:我们根据小学二年级和三年级学生使用的教科书，选取了 15 个英文单词作为备选单词（猫、猪、绵羊、奶牛、鸟、兔子、鸭子、狮子、马、大象、狗、老鼠、老虎、狼、蜜蜂），并将这 15 个单词做成了单词难易度评估表，根据学生的评估结果，最终留下 10 个单词作为之后的施测单词。

系统可用性量表（system usability scale，SUS）：该量表是 Brooke（1996）开发的一种可用性测试问卷，被广泛用于评估产品的可用性。SUS 量表包含 10 个条目，5 点计分，奇数项为正向计分，偶数项为反向计分。分数越高，代表产品的可用性越好。在本研究中，该量表的 Cronbach's α 系数为 0.80。Sauro（2015）构建了一个基于 SUS 量表数据的数据库，其中包含大约 5000 名用户的数据。通过与总体数据进行比较，可以计算出特定软件产品的可用性。Bangor 等（2009）的研究显示，SUS 量表的总分评级以图像形式展示，有助于直观呈现分数、评级和软件评价之间的关系。SUS 量表的得分反映了软件产品的整体可用性，包括易学性和可用性两个维度。本研究在使用该量表进行测试之前，研究人员向每位被试详细解释了各条目的内容，确保被试对每个条目的理解与其原始定义保持一致。在此过程中，为了确保研究的严谨性，我们为每位被试提供了统一指导，并在以下两个方面进行了调整：首先，为了使学生更易于理解内容，采用了更通俗的方式表达条目内容；其次，考虑到学生具象思维的特点，通过举例说明了各条目的含义。在测试过程中，研究人员会在检查每个条目时再次对其进行简要解释，以确保学生能够准确理解。如果学生在填写问卷时有任何疑问，可以随时举手，主试将进行解答。

三、实验流程

首先，主试进行 AR 学习软件的教学演示，向学生详细介绍 AR 学习软件的使用步骤，所有演示的图片均来源于此软件。其次，让学生自行进行 AR 学习软件的操作，此时会有教学研究人员在旁边协助，为不会操作或有任何疑问的学生提供及时帮助。最后，在操作完成后，被试需要填写 SUS 量表，并根据自身在校的英语学习情况对选出的单词进行难易度评估。

四、数据分析

本研究采用 SPSS 23.0 软件对数据进行统计分析，主要进行了可用性方面的分析。

五、结果与分析

（一）单词难易度评估分析

15 个单词总体难易程度的平均值为 1.772 分，剔除 5 个标准差较大的评估分数的单词，最后留下猫、猪、鸟、兔子、鸭子、狮子、马、大象、狗、老虎这 10 个单词作为实验单词。

（二）软件可用性分析

参考 Sauro（2015）的研究，可用性评估的等级划分为 A+、A、A-、B+、B、B-、C+、C、C-、D 和 F。本研究中，SUS 量表的总分是 71.35 分（表 8-6），其百分等级大约为 61，这表明该软件在可用性和整体评估方面超过了大约 61% 的现有产品。此外，分量表易学性和可用性的分数分别为 69.13 分和 71.91 分。

表 8-6　系统可用性评估

类别	分数	评级	百分等级
SUS 总分	71.35	C+	60—64
易学性	69.13	C	41—59
可用性	71.91	C+	60—64

六、讨论

本研究中选取的单词均来自 AR 软件提供的学习卡片上呈现的单词，这 15 个单词是根据小学生英语课堂的实际情况选择的，目的是保证所选单词属于小学生英语课堂学习内容，进而能够与传统的英语课本形成一定的对照。2001 年，教育部发布了《关于积极推进小学开设英语课程的指导意见》，明确表示全国城市和县城小学及乡镇所在地小学从小学三年级逐步开设英语课程。因此，三年级可能是多数小学生第一次学习英语课程的阶段，在此之前，一些小学生甚至没有接触过英语，所以，如果没有按照小学生英语教材选取实验单词，很可能会使实验结果无法说明 AR 学习软件能够改善小学生学习情况这一假设。确定了实验单词后，小学生需要通过 AR 学习软件进行学习，该软件采用了先进的 AR 技术，将虚拟动画和真实空间相融合，这样的学习方法既能提高儿童的交互能力，又能增强儿童的学习兴趣，激发他们的学习动机（刘德建，2019），达到 AR 学习的效果。对软件的可用性进行的分析发现，该软件的可用性高于 61% 的软件，证明了 AR 学习软件在小学生学习过程中的有效性，为后续实验的顺利进行提供了保障。

第三节　不同性别与不同学业情绪学生的集中度和放松度研究

一、被试

本研究选取我国河北省某小学二年级和三年级的学生作为被试。学生们需要完成学业情绪问卷，并分别计算其积极学业情绪的总分和消极学业情绪的总分。根据得分结果，将积极学业情绪得分在前 27% 的被试（去掉答案不合格者，共 146 人）和消极学业情绪得分在前 27% 的被试（去掉答案不合格者，共 154 人）作为情绪分组的预选对象。共有 62 名小学生同意参与后续研究，其中 6 人未完成实验，11 名学生的数据有缺失值或不符合要求，因此本实验的最终有效被试为 45 人，详细见表 8-7。

表 8-7　被试基本信息　　　　　　　　　　单位：人

分组	二年级		三年级		总人数
	男生	女生	男生	女生	
积极学业情绪组	9	3	3	5	20
消极学业情绪组	11	8	2	4	25
总人数	20	11	5	9	45

二、仪器和工具

（一）基于脑-机接口技术的 BrainLink 系统

BrainLink 意念力头箍/脑波产品是一种可穿戴设备，由我国深圳市宏智力科技有限公司研制，其操作不需要传统脑电所必需的导电膏等材料。BrainLink 采用了先进的脑-机接口技术，是国内首款通过苹果 MFi 认证的产品。这款仪器的脑电核心处理器来自 ThinkGear 芯片，其传输速率符合蓝牙 3.0 的标准，通过与移动设备上对应的软件连接，可采集多种脑波信号，并且能够过滤呼吸、心跳等噪声的干扰。这款设备与应用程序 Recorder 连接后，可测量被试的集中度和放松度。集中度表示被试注意力的集中程度和对当前事情的兴趣程度，放松度表示被试的放松程度，两者的数据范围都是 0—100（黄川，2018），其中 0—20 表示集中度/放松度非常低，20—40 表示集中度/放松度低于正常，40—60 表示集中度/放松度正常，60—80 表示集中度/放松度高于正常，80—100 表示集中度/放松度非常高。

（二）iPod Touch 4

该设备装载了 Recorder 应用程序，拥有 iOS 系统，存储容量为 8GB，屏幕尺寸为 3.5 英寸，屏幕分辨率为 960 像素×640 像素，支持 WiFi、蓝牙等功能。

（三）AR 学习软件

与上一节的实验材料一致。

三、实验设计

本实验采用 2（性别：男性，女性）×2（学业情绪水平：积极，消极）的两因素组间实验设计，因变量为注意程度，因变量指标分别为集中度和放松度。

四、实验流程

整个学习过程在手机上进行，实验开始前，需要将 BrainLink 佩戴于被试的额头部位，与采集脑电的金属片相接触，并将左侧电极夹于被试耳垂位置；然后，将 BrainLink 开机并和手机蓝牙配对，被试通过手机扫描学习材料后，会呈现出三维的动物动画；当被试进入 AR 学习界面后，其信号会被捕捉和记录下来。注意程度会被标记出来，并由手机应用加载，分别为 "Attention 值"（集中度）和 "Meditation 值"（放松度）。

五、数据分析

本研究采用 SPSS 23.0 软件对数据进行统计分析。

六、结果与分析

（一）AR学习中小学生的集中度分析

集中度的描述性统计结果如表8-8所示。男生的集中度得分为57.105分，女生的集中度得分为62.575分。在积极学业情绪组中，男生的集中度得分为56.104分，女生的集中度得分为62.180分。在消极学业情绪组中，男生的集中度得分为58.029分，女生的集中度得分为62.839分。从两组各自情况来看，积极学业情绪组的集中度得分为58.534分，消极学业情绪组的集中度得分为60.338分，消极学业情绪组的集中度得分高于积极学业情绪组，表明消极学业情绪组的学生在使用软件时比积极学业情绪组的学生更加专注。

表 8-8 集中度的描述性统计结果

分组	性别	M	SD
积极学业情绪组	男生	56.104	10.542
	女生	62.180	16.245
消极学业情绪组	男生	58.029	9.137
	女生	62.839	12.740
总体	男生	57.105	9.677
	女生	62.575	13.831

方差分析结果显示，性别 $[F_{(1,41)}=2.250，p=0.141]$ 和学业情绪水平 $[F_{(1,41)}=0.127，p=0.724]$ 的主效应均不显著，两者的交互作用也不显著 $[F_{(1,41)}=0.030，p=0.862]$。

（二）AR学习中小学生的放松度分析

放松度的描述性统计结果如表8-9所示。男生的放松度得分为53.880分，女生的放松度得分为60.241分。在积极学业情绪组中，男生的放松度得分为50.604

分，女生的放松度得分为 59.125 分。在消极学业情绪组中，男生的放松度得分为 56.904 分，女生的放松度得分为 60.984 分。从两组各自情况来看，积极学业情绪组的放松度得分为 54.013 分，消极学业情绪组的放松度得分为 58.863 分，消极学业情绪组的放松度得分高于积极学业情绪组，表明消极学业情绪组的学生在使用软件时比积极学业情绪组的学生更放松。

表 8-9　放松度的描述性统计结果

分组	性别	M	SD
积极学业情绪组	男生	50.604	9.737
	女生	59.125	9.000
消极学业情绪组	男生	56.904	9.541
	女生	60.984	9.577
总体	男生	53.880	9.965
	女生	60.241	9.155

方差分析结果显示，学业情绪水平的主效应不显著 $[F_{(1,41)}=1.995, p=0.165]$，性别和学业情绪水平的交互作用不显著 $[F_{(1,41)}=0.591, p=0.446]$，但是性别的主效应显著 $[F_{(1,41)}=4.759, p=0.035]$，女生明显比男生更放松。

七、讨论

集中度和放松度是衡量注意程度的指标，这两个指标均可通过基于脑-机接口技术的 BrainLink 系统获得。在每个小学生的实验过程中，本研究分别记录了 20 次集中度和放松度数据，并在计算时删除了各自前后共计 8 次的数据，以保证实验的有效性和数据的准确性，因为有研究发现，低年级儿童集中注意的时间一般仅在 20 分钟左右（张灵聪，1996），儿童的这些特殊身心发展规律决定了其无法在实验过程中长时间地保持注意力高度集中，多次记录后再计算平均值，可以避免小学生在某个时间段内出现注意力忽高忽低的现象，进而得到更为准确且稳定的实验结果。

通过数据分析发现，小学生的集中度在性别上不存在显著差异，而小学生的放松度在性别上存在显著差异，女生的放松度显著高于男生。邢少颖和贾宏燕（2001）的研究指出，男生在玩具选择上受到性别观念的影响较深，且心理发展特点趋向于更具抽象化思维，这可能导致他们在面对需要认知加工和思维抽象的任务时表现出较高的紧张感和较大的压力反应。相比之下，女生在情感调节和直观感知方面能力较强，这使她们在面对低压力任务时表现得更加轻松、感到更放松。AR 学习注重形象化，利用 3D 模型提升学生对现实情境的视觉感知能力，这种形象化的学习方式更符合女生在情感和感知领域的优势，从而可能使女生在 AR 学习中的放松度表现优于男生。

研究发现，不同学业情绪水平的小学生在集中度及放松度上均不存在显著差异，这可能是由于本研究选取的样本量较少，或者是由于本研究未完全唤起学生的积极和消极学业情绪。无论是积极学业情绪组还是消极学业情绪组，小学生在集中度和放松度上的得分都高于平常（0—40 分），这表明，使用 AR 学习软件学习英语单词有利于增强小学生的注意力和提高其学习效率，并且还能缓解学业情绪对小学生产生的消极影响，这与前人的研究结果一致（Roda & Thomas，2006）。

第四节　综 合 讨 论

一、AR 学习系统的可用性

在本章第二节的研究中，小学生 SUS 量表总分数的百分等级为 61，证明了 AR 学习软件具有一定的可用性。在本章第三节的研究中，无论是积极学业情绪组还是消极学业情绪组，小学生在使用 AR 学习软件时的集中度及放松度得分都高于平常（0—40 分），这再次验证了 AR 学习软件具有良好的可用性。但是，根据 Bangor 等（2009）绘制的 SUS 评级图可知，只有当 SUS 总体分数评级在 C 之上时，软件才具有良好的可用性及可接受性。本研究结果发现，SUS 总体分数评级恰好为 C，这表明虽然 AR 学习系统的可用性及可接受性已达到标准，但其可用性及可接受性还有待提高，因此，后续研究仍需着重关注 AR 学习系统的可用性及可推广性情况。

二、AR 学习者的性别差异

研究表明，小学生的集中度在性别上不存在显著差异，而小学生的放松度在性别上存在显著差异，女生的放松度显著高于男生。第一，小学生的集中度在性别上不存在显著差异，这与以往研究结果一致（陈国鹏等，1998；刘景全，姜涛，1993），其原因可能是在此阶段，所有小学生的发展任务均为顺利适应学习生活，获取知识经验，形成个性品质，其认知能力、适应性等均未得到完全发展，容易受到外界刺激的影响，无论是男生还是女生，对于他们来说，AR 学习软件都是一种新颖的刺激物，所以在使用 AR 学习软件时，小学生可能会投入近乎相同的注意力进行学习，因而男生和女生在集中度上无显著差异。第二，小学生的放松度在性别上存在显著差异，此差异可能与 AR 学习的特点及性别差异相关。AR 学习通过形象化手段，利用 3D 模型提高学生对现实情境的视觉感知能力（Arvanitis et al., 2009），这一特点可能更符合女生对学习的认知需求与情感体验。此外，女生在生理发育和心理发育上通常早于男生，因而可能在情绪调节和自我放松方面具有一定优势。随着学业任务的增加，女生在学科表现和自我调节能力上通常优于男生，因此在 AR 学习中，女生可能更容易达到放松的状态。

三、AR 学习者的学业情绪差异

不同学业情绪水平的小学生在集中度和放松度上不存在显著差异，虽然积极学业情绪组与消极学业情绪组在注意方面的差异不显著，但从研究结果可以看出，在 AR 学习环境下，消极学业情绪组的注意指标得分高于积极学业情绪组，说明 AR 学习这种方式对消极学业情绪进行了积极补偿。同时，本研究结果显示，在 AR 学习中，小学生的集中度及放松度得分均高于平常（0—40 分），印证了情绪促进学习假说（Pekrun et al.，2017）。不同学业情绪水平的小学生在集中度和放松度上无显著差异的原因可能在于学界对于学业情绪的划分尚未统一，学业情绪的结构未完全明确，因而不同的划分可能会导致实验结果的不一致。

四、消极学业情绪的积极补偿效应

本研究结果中的一个有趣现象是，消极学业情绪组的集中度及放松度得分均高于积极学业情绪组，此结果不同于以往研究，原因可能如下：AR 学习软件操作相对便捷，能够帮助学生集中注意力（Arvanitis et al.，2011），并且 AR 学习软件具有娱教性（Arino et al.，2014），这可能会使处于消极学业情绪的学生产生积极学业情绪，从而能够调动他们的学习兴趣，激发其学习动机，使他们更加专注于所学内容。

五、研究不足

第一，实验时间有限。本研究采用横断面研究设计，所需时间相对较短。教学研究是一个持续的长期过程。同时，AR 学习软件对学生学习的影响也需要长期的跟踪研究。第二，情感划分的局限性。本研究将学业情绪分为积极学业情绪和消极学业情绪，忽略了中间状态的学业情绪。因此，未来研究中应进一步细化学业情绪的划分。第三，学科领域的局限性。本研究只探讨了将 AR 技术与英语学科相结合的实际效果，并没有涉及其他学科的教学或学习，因此研究结果的可转移性需要进一步验证。

六、小结与展望

首先，未来的研究应该扩大研究范围，延长研究时间，更详细地分析 AR 技术在小学英语教学中的应用和效果，使研究结果更具说服力。其次，AR 技术是一种良好的教学辅助工具，未来的研究可以根据 AR 技术的三个特征，合理地将其应用到其他学科的教学和学习过程中去，以扩大 AR 技术应用学科的研究范围，为 AR 技术的教育应用积累更丰富的案例研究。

第九章

AR 多媒体学习的认知情感实证研究

　　本章通过一系列研究，深入探索了 AR 技术在教育领域的应用及其对学生学习体验的多维影响。首先，通过脑-机接口环境下的 AR 学习研究，本章揭示了这种创新技术组合如何促进学生间的知识分享意愿，以增强学习社区的互动性。其次，本章分析了 AR 学习中的交互性视觉设计对学习效果的正向作用，发现其可通过提升学生的学习沉浸感和趣味性来优化学习成效，还进一步研究了认知情感设计在 AR 多媒体学习中的应用，展示了情感化设计元素如何激发学生的积极情绪和学习动机，以促进深度学习。最后，本章还探讨了 AR 学习中不同学习策略对学习动机的影响，发现建构性策略，如自我生成绘图能显著提升学生的主动学习意愿和问题解决能力。这一系列研究为优化 AR 教学设计、提升学生学习体验提供了宝贵的理论依据和实践指导。

第一节　脑-机接口环境下的 AR 学习分享意愿研究

随着新教育教学理念的普及，提高学生学习效率受到了广泛关注，被视为学生发挥最大努力的关键（沈德立，白学军，2006）。学业情绪作为影响学生学习的一个重要的非智力因素，最初由 Pekrun 等（2002）提出，被认为与学校教学和学业成绩直接相关。我国学者董妍和俞国良（2007）进一步认为，学业情绪包括学生在学习活动中产生的各种情绪，范围更为广泛。学业情绪对学生有深远的影响，其中认知-动机模型揭示了学业情绪、学习动机和学业成就之间的因果关系，三者形成了一个相互作用的循环，积极学业情绪能够提升学生的学习动机和学业成就，而消极学业情绪则会产生相反的效果（Pekrun，2006；孙芳萍，陈传锋，2010）。课堂中心的教学方法和枯燥的学习内容可能会加剧学生的学习负担，引发其产生消极学业情绪，如厌学、沮丧和焦虑（何贤敏，2020）。消极学业情绪通常与学习适应力和自我效能感呈负相关，与学习倦怠呈正相关（高明，2014；俞国良，董妍，2006），通常会降低学生的学习兴趣，转移其注意力，不利于学习效率的提升。相反，积极学业情绪有助于增强学生的学习动机，使其形成积极主动的学习态度，避免产生倦怠（Ainley et al.，2005）。改善学生的学业情绪，培养其对学习的积极态度，对于促进学生的身心健康发展具有重要意义，因此成为心理学研究的重要方向之一。AR 技术通过将虚拟物体叠加到真实环境中，结合虚拟与现实情境，增强了个体对真实事物的感知（Thomas & David，1992），为改善学业情绪提供了新的可能性。许多研究已将 AR 技术应用于教育领域，尤其是针对低年级学生。教育游戏应运而生，它利用虚拟与现实的结合，通过视觉三维成像和声音，为学生提供多感官体验，使教学内容更加逼真，使教科书中枯燥抽象的知识内容变得具象化，在一定程度上降低了学习内容的难度，有助于使学生集中对当前学习任务的注意力，并协助学生完成知识理解的过程（陈向东，万悦，2017）。此外，学生可以通过触摸和旋转等自由改变原始模型的形状与位置，并实时与模型互动，从而使学生产生沉浸感，提高学生的学习自主性，增强其学习兴趣（王辞晓等，2017）。传统课堂教学难以保持学生的学习兴趣和连贯性，AR 技术在教育中的应用为教育环境改革提供了新的可能性，具有重要的实际意义。然而，目前尚不清楚 AR 环境是否能够激发学生产生更积极的学业情绪，这是本研究的焦点之一。

随着 AI 技术在神经科学等领域的发展，脑-机接口技术逐渐得到了发展。大脑是人体的控制系统。脑电图可以传递出大脑相关信息，在不同的刺激和场景下，人们的脑电信号会发生相应的变化（Walter et al., 1964）。在基于脑-机接口的系统中，与依赖皮肤电和心率等生理信号来识别个人状态的 AI 技术相比，与脑-机接口直接连接的脑电图可以更好地反映个人的情感状态（Zhang et al., 2019）。因此，脑电图成为大脑与计算机之间的连接桥梁，也是观察人脑功能的关键。通过脑-机接口，个体可以及时了解自己的脑活动状态，如注意力、紧张或冥想，同时还可以主动调节注意力，实现对脑功能数据的控制，从而实现脑-机互动，因此脑-机接口也被称为"脑控"。现代脑-机接口技术分为侵入性和非侵入性两种。由于安全性和便捷性，非侵入性技术已被广泛应用于医疗康复、运动员状态的实时监测，以及军事、家庭等领域（Xu et al., 2018）。

脑-机接口技术与教育的结合体现在智能游戏的开发和课堂监控中。例如，Lin 等（2018）利用脑-机接口技术在基于脑电图信号的课堂学习中获取学生的学习状态信息，并提出了识别学习心理状态有助于提高学生的学习效果和教师的教学效果。目前更多的研究关注学生在学习过程中的集中度和放松度，这些是反映学生认知水平的重要指标。学生的集中度和放松度是学习过程中的两个重要指标。集中度是指学生对某一特定对象的注意力强度，表现为对干扰刺激的抑制；放松度是指精神的放松，是实现内心平静的心理活动。这两个指标可以反映学生的学习状态和情感信息（韦军等，2013）。因此，结合 BrainLink（Pro）系统，研究者可以准确收集学习者在学习活动中的脑功能数据，包括集中度和放松度，了解学生在学习过程中的生理状态，并实现生理和心理之间的连接，有助于学习心理学研究的发展。该系统具有安全、灵活、易于使用等特点，对头部运动具有较高的容忍度，还能很好地平衡小学生过度活跃的特点，能更好地适应小学生真实的学习环境，具有较高的生态效度。

分享行为是一种典型的亲社会行为，表现为个体愿意与他人共享资源，这些资源既可以是具体的，也可以是虚拟的。在学习过程中，学生获得的知识属于虚拟资源，而这些知识在同伴间的传递则是一种分享行为。在本研究中，知识分享行为指的是学生在学习中进行交流，并将所学知识传递给他人的行为。情感认知评价理论指出，情感评价的过程会受到两个因素的影响，即内部心理结构和外部环境刺激，其理论框架是"事件—情感体验—行为"。当刺激事件使人们感到满足和快乐时，他们更愿意进行分享，容易产生利他的分享行为；当人们感到沮丧和不快时，他们不容易产生利他的分享行为（程学超，王美芳，1991）。在当前阶段，以游戏为基础的学习（game-based learning，GBL）作为对传统教学的补充，已经得到了小学生的广泛认可（杨志珍，陈莉，2008）。然而，AR 技术提供的三维、实时互动和多感官体验等沉浸式技术在传统课堂中并不常见，可以弥补传统课堂的不足。新技术的应用可以在一定程度上激发学生的学习兴趣和热情，促进其在学习过程中产生愉悦感。情绪是人类固有的生理和心理特征，分享行为会受到情感的影响。在积极的情感体验下，学生更愿意进行分享，并更有可能表现出分享行为。

因此，本研究将分享行为偏好的评价作为积极学业情绪的指标，并提出如下研究假设：与传统的文本学习环境相比，AR 学习环境能够激活学生的积极学业情绪。为了探索将 AR 学习系统应用于教育的可能性，本节利用 AR 学习系统和脑-机接口技术，调查了不同学习模式下学生学习的脑功能特征，一方面，本研究利用丰富有趣的 AR 教学资源，防止学生产生消极学业情绪；另一方面，本研究可以为改善学生的学业情绪提供教育参考。未来应创设一个更有利于学生产生积极学业情绪的教育环境，以促进学生身心健康发展。

一、研究方法

（一）被试

实验中的样本大小通过 G*Power 软件进行计算。设计参数效应大小 f 为 0.3，第一类错误概率 α 为 0.05，检验效能（$1-\beta$ 错误概率）为 0.80，预计的样本大小为 90。选取河北省某小学三年级学生 160 名，随机分为 AR 学习组（即 AR 分享组）、文本学习组（即文本分享组）、AR 被分享组、文本被分享组。剔除无效数据后，剩余有效数据共 116 名（女生 53 名），被试的平均年龄为 9.10 岁（$SD = 0.425$），每组各有 29 名被试，详细信息见表 9-1。所有被试视力或矫正视力正常。本研究在实施前已获得学校、家长和学生的知情同意。

表 9-1　研究对象　　　　　　　　　　　　　　单位：人

学习方式		性别	人数
AR 学习	分享	男生	16
		女生	13
	被分享	男生	15
		女生	14
文本学习	分享	男生	17
		女生	12
	被分享	男生	15
		女生	14
共计			116

（二）实验材料

AR 学习材料：包括 AR 识别卡、装有 AR 学习 APP 的智能手机。AR 识别卡使用北京智合清扬科技有限公司研制的《小宝动物园》产品，该产品是一款基于

AR 技术的英语学习产品，共包含 64 张 AR 卡片，卡片正面是动物的中文和英文单词，反面是相应的动物图片。本研究选取 12 张动物卡片，学生通过手机扫描动物图片进行 AR 学习，扫描之后，学生可以看到立体的动物形象，同时伴随动物的叫声、中英俄韩文发音及动物习性介绍。与此同时，学生可以与动物进行互动，在此基础上，学生可以自行选择自己需要学习的内容，在一定程度上成为学习的主体。文本材料：仿照冀教版英语课本制作的实验用书，书内印有与 12 张 AR 卡片相同的正反面图案，为更贴近小学生英语文本的学习环境，书中还加入了 Danny、Jenny 和 Li Ming 的动画形象，以及三人之间根据单词产生的简单对话，如 "This is an elephant" 等。

基于脑-机接口技术的 BrainLink（Pro）系统：采用由深圳市宏智力科技有限公司研制的产品，是一种可穿戴设备。在实验中，该设备以每秒 1Hz 的输出频率通过大脑前额接收人体脑电信号，并经过内置传感器过滤信号，通过芯片分析得出可读参数，然后通过蓝牙模块将信号传递至终端设备。实验采用集中度和放松度参数，两项参数的数据范围均为 0—100，值越高，代表学习者当前越专注或精神越放松。

分享意愿问卷：10 点计分数轴，采用 AR 学习方式、文本学习方式进行学习的学生在分享之后对自己的分享意愿进行 10 点打分，分数越高，表明学生的分享意愿越强烈。

（三）实验设计

采用 2（学习模式：AR，文本）×2（是否分享：分享，被分享）的被试间实验设计，并将学习者的分享行为偏好作为积极学业情绪的观测指标。

（四）实验程序

准备阶段：实验在安静的教室中进行，实验过程中除被试和主试以外，再无其他人员。主试对 AR 设备及其操作方法进行讲解，讲解完毕后，选取 2—3 名学生让他们自己进行操作。操作完毕后，主试向被试说明实验过程中的注意事项，确保被试没有疑问后再开始正式学习。

学习阶段：将 58 名被试（另外 58 名被试只接受分享，并不参与学习）随机分为两组。在 AR 学习组，被试利用 AR 设备及卡片学习 12 个英语单词，共学习 8 分钟；在文本学习组，被试利用印有与 AR 卡片上相同图案的英语课本学习 12 个相同的英语单词，共学习 8 分钟。在学习过程中，主试让两名被试（AR 学习组与文本学习组各一名）坐在椅子上，头戴 BrainLink（Pro）设备，以接收被试的脑电信号，并经过内置传感器过滤信号，通过芯片分析得出可读参数，然后通过蓝牙模块将信号传递至终端设备。根据参数的变化情况，调整前额的探测器。在整个实验过程中，确保该设备与大脑前额皮肤接触良好。

分享阶段：学习完成后，让头戴 BrainLink（Pro）设备的两名被试对未参与学习的学生分享自己在学习阶段所学到的内容，时间为 1 分钟。同时，分享者和被分享者均佩戴 BrainLink（Pro）设备，采集两者的脑功能数据。随后，被试需针对学习场景进行分享行为偏好的评估（10 点计分）。实验结束之后，将设备从被试头部摘下。

（五）数据分析

研究采用 SPSS 25.0 软件进行数据管理与分析。

二、结果

（一）集中度

描述性统计结果见表 9-2。采用独立样本 t 检验对两组被试的集中度进行分析，结果表明，AR 学习组与文本学习组在集中度的脑功能数据上不存在显著差异，$t_{(56)} = 1.749$，$p > 0.05$。在分享过程中，以学习模式和是否分享为自变量，以集中度得分为因变量，进行两因素完全随机方差分析。结果表明：在分享过程中，学习模式的主效应显著，$F_{(1, 112)} = 6.002$，$p < 0.05$，$\eta^2 = 0.051$，AR 学习组在分享时的集中度得分显著高于文本学习组；是否分享的主效应不显著，$F_{(1, 112)} = 0.821$，$p > 0.05$；两者的交互作用不显著，$F_{(1, 112)} = 0.070$，$p > 0.05$。

（二）放松度

学习过程和分享过程中集中度、放松度的描述性统计结果见表 9-2 和表 9-3。采用独立样本 t 检验对两组被试在学习过程中的放松度进行分析，结果表明，AR 学习组与文本学习组在放松度的脑功能数据上不存在显著差异，$t_{(56)} = 1.042$，$p > 0.05$。在分享过程中，以学习模式和是否分享为自变量，以放松度得分为因变量进行方差分析，结果表明，学习模式的主效应不显著，$F_{(1, 112)} = 0.406$，$p > 0.05$；是否分享的主效应不显著，$F_{(1, 112)} = 0.134$，$p > 0.05$；两者的交互作用也不显著，$F_{(1, 112)} = 0.155$，$p > 0.05$。

表 9-2　学习过程中集中度、放松度的描述性统计结果

学习模式	集中度		放松度	
	M	SD	M	SD
AR 学习	44.214	10.050	56.211	6.172
文本学习	48.439	8.250	58.070	7.363

表 9-3　分享过程中集中度、放松度的描述性统计结果

学习模式	是否分享	集中度		放松度	
		M	SD	M	SD
AR 学习	分享	54.788	14.171	55.623	15.679
	被分享	51.468	14.939	53.507	15.659
文本学习	分享	47.091	14.528	52.751	9.049
	被分享	45.273	17.245	52.828	18.106

（三）分享意愿

以不同学习模式为分组变量，进行独立样本 t 检验，结果见表 9-4。结果表明，不同学习模式下学生的分享意愿得分存在显著差异，$t_{(56)}=-2.441$，$p<0.05$，Cohen's $d=0.633$，AR 学习组的分享意愿得分（$M=8.79$）显著高于文本学习组（$M=7.17$）。

表 9-4　不同学习模式下分享意愿的描述性统计结果

学习模式	M	SD	t
AR 学习	8.79	2.059	−2.441*
文本学习	7.17	2.977	

注：*表示 $p<0.05$

三、讨论

（一）不同学习模式对集中度的影响

本研究结果发现，在学习过程中，无论是 AR 学习还是文本学习，学生的集中度和放松度都很高，并且不存在显著差异，这说明无论是哪种学习方式，学生在学习英文单词时都能够集中注意力，保持放松状态。这与以往研究发现 AR 技术能够促使学生产生更高的注意力水平的结果不一致（张浩等，2020），可能原因在于，张浩等（2020）的研究以整节课堂为一个单元，将其观察到的学生在课堂上注意力集中的时间、活动的坚持性作为注意力指标，发现 AR 学习更能吸引学生的注意力。本研究并未发现 AR 学习环境下的学习者有更高的集中度，一方面可能是因为实验是在安静的教室中进行的，有利于学生将注意力集中在当前的任务上；另一方面，有研究表明，小学三年级学生的注意力稳定时间在 20—25 分钟（巴晓娜，杨炎梅，2012），本研究选取 8 分钟的学习时间，学生在学习过程中有研究人员陪同（相当于学生眼中的"老师"）并在一旁全程监督，因而学生们都能专注地投入到学习中，集中精力完成任务。然而，传统的小学生课堂每节课的时间保持在 40—45

分钟，三年级小学生由于其年龄基础，身心发展尚未成熟，自控能力差，将注意力持续保持在同一项单调的任务上会使其神经兴奋性降低，进而产生疲劳，因此很难长时间维持注意力（夏芳芳，2016）。如果教师采用的教学方法可以使学生感受到学习任务的变化性、趣味性，提高学生对学习内容的兴趣，其内部动机就能被激发，从而可以在一定程度上促使学生更容易地长时间保持有意注意。

在分享过程中，AR 学习组学生在分享时的集中度显著高于文本学习组，即无论是分享者还是被分享者，AR 学习环境下分享的学生的集中度显著高于文本学习环境下的学生。相较于学习过程，学生在分享过程中更多的是与同伴的互动学习，更加具有社会性，能够满足学生相互协作的需求，因而可以最大限度地促进学生集中注意。儿童心理学家皮亚杰提出，协作学习是促进儿童认知发展建构的一种主要方式，学生通过小组或团队的形式相互学习，可以在很大程度上调动学生学习的积极性（转引自赵建华，李克东，2000）。另外，有研究发现，计算机支持下的协同写作环境能够提升学生的专注度（刘明等，2018）。本研究结果与以上研究结果保持一致。AR 支持下的协作学习就是将协作学习与 AR 技术结合起来，相对于 VR技术，AR 技术更能支持学生进行同伴协作学习，学生可以同时体验到通过 AR 技术叠加在真实事物上的文字、声音，并且与其互动（王辞晓等，2017）。AR 技术构建的协作学习环境符合学生的兴趣需求，因而学生乐于将这种学习方式分享给他人，在分享时能够更加专注于当前的任务，受外界干扰较小。AR 技术提供的沉浸式体验使得协作学习更加有效，而不再仅仅局限于传统的与纸质书本的互动合作，能够有效提升学生的注意力水平，尤其是当同伴作为相互学习的帮助者时，学生在讨论和分享的过程中可以真切感受到自己成为学习的主体，从而提高学生在分享与被分享过程中的注意力集中程度。

（二）不同学习模式对放松度的影响

在学生学习与分享的过程中，不同学习模式下学生的放松度水平不存在显著差异，这说明无论是哪种学习方式，学生在学习英文单词时都能够保持放松的状态。放松度是指精神层面的放松，而非身体状态的放松。以往关于放松度的研究大多聚焦于运动员的心理健康,通过建立具体场景与情绪之间的联系,探讨何种场景会唤起何种情绪。Ortner 等(2007)的研究表明,放松能够对大脑和认知功能产生持续影响,尤其是使个体在注意方面变得更加优越,具体表现为放松度越高,个体越能抑制负性情绪的干扰,将注意力集中在当前任务上。集中度与放松度并不是对立的关系,两者在同一场景中往往呈同步趋势,且同步程度越大,个体越容易进入心流状态,即处于专注于某件事、不容易被外界打扰的状态,这有利于促进学生学习活动的持续进行(陈弘,2021)。小学生处于好奇心和求知欲旺盛的时期,英语作为一门崭新的外语学科,小学生处于该学科学习的起始阶段,英语科目的学习方法不同于以往任何学科的学习方法,使得英语学习本身对于小学低年级学生而言具有一定的吸引力,也在一定程度上使得三年级学生的集中度和放松度均保持在良好水平。

(三)不同学习模式对分享意愿的影响

不同学习模式下学生的分享意愿存在显著差异,AR 学习组学生的分享意愿显著高于文本学习组。本研究将分享行为偏好作为积极学业情绪的指标,表明 AR 学习环境更能激活诸如愉悦、高兴等积极学业情绪,这与前人在其他学科研究中得到的结果保持一致(张浩等,2020)。在实验过程中,研究者观察到当问及参与学习、分享过程的学生在多大程度上会将这种学习方法分享给其他伙伴时,AR 学习组的学生相较于文本学习组的学生态度更加坚定,对自我分享意愿的评分速度更快,并且经分析后发现他们的分享意愿也更高。这在一定程度上说明 AR 学习方法相对新颖,能够引起学生的学习兴趣,受到了学生的普遍喜爱。

根据学业情绪的社会-认知模型,环境、认知评价和情绪相互之间具有因果联系(Goetz et al.,2006)。培养学生的积极学业情绪体验,既可以通过干预学生对知识内容、学习过程的评估来实现,也可以通过改善学校课堂环境、知识呈现方式来实现。从小学生身心发展特点来看,小学生的情绪具有极强的情境性,课堂上具体情境的不同可能使学生产生各种不同的情绪体验(韩颖等,2019)。AR 学习具备高沉浸性、高互动性等特点,可以使学习者全身心投入其中,尤其是在与同伴互动学习的过程中更能感受到较高水平的参与感和控制感，从而激发学习者的学习兴趣，增强他们的学习动机，因此，AR 学习对于培养小学生的积极学业情绪具有一定的促进作用（李强，卢尧选，2019），这为将 AR 技术应用于教育领域提供了证据支撑。

第二节　AR 学习中交互性视觉设计对学习效果的影响研究

　　AR 技术是一种把由计算机生成的图形、文字等虚拟信息和真实场景信息进行有机融合与叠加，以达到增强使用者的视听效果的技术（Thomas & David，1992）。AR 技术诞生于 20 世纪 90 年代，起初主要被集中应用于航空领域的飞行员培训。近年来，随着移动互联网的不断发展、AR 技术软硬件的不断完善，AR 技术的应用领域得到进一步扩大，尤其是在教育学习方面，AR 技术为传统学习模式赋能了新的活力。AR 技术比 VR 技术更优越，同时也更理想化，能够把计算机生成的虚拟情境与现实情境叠加起来，使个体能与当前情境很好地融合在一起（游旭群，赵小军，2015）。而多媒体学习是指对言语和图片表征材料等的学习，如从包含文本、解说、动画的课本和幻灯片中进行学习（Mayer，2002）。在学习领域，AR 技术逐渐与传统的多媒体技术相结合，让学习者能够同时利用视觉和听觉等多种感觉通道，将呈现在现实环境中的实景与虚拟信息结合起来进行加工和处理。作为一种新的教学和学习手段，AR 多媒体学习已经被逐渐应用到教学过程和教育心理实证研究中，并且对个体的学习成效起着一定的积极作用（Yilmaz，2016）。

　　AR 技术与多媒体技术的融合也催生了新的学习工具。AR 技术通过将文字、声音、画面等结合起来，实现了学习者对纸质出版物的多媒体学习，因此 AR 技术与传统出版物相结合也使新的学习材料日益增多，如 AR 学习卡片、AR 立体书等，这些新式学习工具具备方便快捷、便于上手等特点，通过智能移动设备扫描卡片或书本上的图案，便可呈现 AR 立体模型和声音，实现立体化教学和学习。当前社会对 AR 纸质出版物的接受度逐步提高，诸如 "科学跑出来" 等系列书籍等得到了较好的市场反响。

在多媒体学习中，先前研究主要聚焦于学生的认知，弱化了情绪的作用。个体在学习过程中往往伴随产生各种学业情绪，并且能够被调控，因此，情绪在多媒体学习中的作用需要引起重视。多媒体学习认知-情感理论是基于多媒体学习认知理论发展而来的，包括情绪中介假设、元认知中介假设和个体差异假设三种假设（Moreno & Mayer，2007）。该理论指出，个体的动机、情绪和元认知能够影响个体对认知资源的投入，进而通过增加或减少认知负荷来影响多媒体学习。情绪化的学习材料设计有助于促进学习者对学习材料的认知加工，并且会影响他们的学习态度和动机（龚少英等，2017）。

积极情绪对多媒体学习效果的促进作用已得到了广泛的研究支持（Heidig et al.，2015；Park et al.，2015；Um et al.，2012）。情绪设计通过对影响人们情绪的因素进行设计，如在多媒体教学中应用视觉和其他设计元素等，来激发学习者的学业情绪，是一种有效的学习促进方法（Plass & Kaplan，2016）。情绪激发可以通过外部情绪诱发和内部情绪设计两种方式进行。外部情绪诱发通过使用图片、音频、视频等材料在学习开始前唤醒学习者的情绪，而内部情绪设计则是通过学习材料本身的设计在学习过程中持续激发学习者的情绪。然而，外部情绪诱发产生的积极情绪可能不持久，并且在学习过程中会逐渐减弱，其对学习效果的促进作用可能不如内部情绪设计那样持久（Plass et al.，2014）。因此，本研究旨在结合多媒体学习材料进行内部情绪设计，以激发学生的积极情绪。

研究发现，相关人员通常可以依靠颜色和拟人化元素来进行内部情绪设计，由此达到难度低的同时不会增加额外的学习素材的目标（Um et al.，2012；陈佳雪等，2018）。关于颜色的研究表明，颜色能影响人们的情绪，暖色相对于冷色来说更能引起人们的愉悦感和兴奋感（Bellizzi & Hite，1992），其效果相对于无彩色（灰色）

同样存在（Boyatzis & Varghese，1994；Hemphill，1996）。因此，在进行积极情绪设计时，设计者通常会在多媒体材料中加入暖色或明亮的颜色，如黄色、橙色等高饱和色（Wolfson & Case，2000）。拟人化是指在非人类实体上赋予人类的属性或特征，使其在某种程度上被感知为具有人类特性（Epley et al.，2007），拟人化的方式包括赋予非人类实体以人类的物理特征（如身体、面孔）或精神特征（如情绪、意图）（Waytz et al.，2010）。本研究将学习材料中的非人类主体与人类的身体、表情相结合，以此实现拟人化情绪设计。Plass 等（2014）认为，拟人元素是诱发积极情绪的关键元素，将事物进行拟人化处理后，其能更加吸引学习者的注意力，使学习者产生较为积极的情绪体验，有更高的任务参与度（Dehn & Van Mulken，2000）。AR 技术为拟人化的实现提供了丰富的技术支持和条件。颜色和拟人化两种视觉设计因素均能达到内部情绪激发的作用，但是当前研究者对其如何影响学习还存在争议，在 AR 技术的加持下，两者又会产生怎样的结果仍值得进一步的探索。

交互行为作为学习过程中的重要内容，也是情绪设计的重要范畴之一。在进行多媒体学习时，学习中的交互是知识和技能获得的重要过程。根据 Moore（1989）的研究，学习过程中的交互行为可以分为三种类型：学习者与学习内容之间的交互、学习者与其他学习者之间的交互，以及学习者与教师之间的交互。既往的研究者主要通过控制多媒体学习材料的播放进度等手段来进行交互行为设计（王文慧，2018）。控制价值理论认为，当学习者对学习材料有控制感时，学习者会产生积极学业情绪，继而会改善学习效果（Pekrun，2006；杨红云等，2020）。传统学习中的交互不属于真正意义上的实质性交互，AR 学习具备学习者与学习内容之间天然的交互属性，易于实现学习者与学习内容之间的交互。因此，依托高交互性的特点，AR 技术可以为情绪设计赋能。

在传统学习模式下，大多数学习者仅仅通过视觉和听觉这两种感觉通道对学习内容进行加工，虽然也具有一定的互动性，但是由于信息呈现的静态化和二维性，仍具有很大的局限。AR 技术的应用大大增强了学习者和学习内容之间的互动。AR 技术为学习者控制并操纵 3D 模型、促进学习者与学习内容之间的互动提供了便利，从而有助于增强学习者的沉浸感和投入度。通过从不同角度对 3D 模型进行观察来增进学习者对知识或概念的学习和理解（蔡苏等，2016），这种高互动性正是在以往传统的纸质书籍学习中难以实现的，也正是 AR 技术介入传统学习模式并进行优化升级的重点之一。学习者在面对相对抽象的知识和现象时，AR 技术可以让学生从多角度对 3D 模型进行观察，有助于增强学生的学习兴趣（张四方，江家发，2018）。大量研究表明，相较于传统学习模式，在进行 AR 学习后，学生在数学、英语、物理、化学等基础学科教学，以及医疗技术、工程操作等专业技术培训上的学习成绩都有显著提高。

关于 AR 多媒体学习的认知情感机制研究有助于人们探索和改善学生的深层学业绩效问题。本研究围绕学业情绪导致的学习效率下降问题进行深入研究，力求依托多媒体学习的视觉情绪设计，促生学生内部积极情绪的激发，达到高效率学习的目的。在考察促进学生高效率学习的信息化认知、情感因素的基础上，本研究为提出适应现代网课模式和课堂多媒体教育方式的有效的 AR 认知情感应用模式提供了借鉴。AR 学习环境下的视觉情绪设计对现代多媒体教学效果具有重要的影响，心理加工机制和视觉情绪设计可能具有特异性。基于以上分析，本研究旨在探究情绪化视觉表征环境下采用 AR 学习和文本学习两种学习方式对小学低年级学生英语学习中包括认知负荷和学习动机在内的学习效果的影响。颜色和拟人化两种特定的情绪设计元素能够激发个体产生较为积极的情绪体验，直接对个体的学习产生影响（熊俊梅等，2018），因此，本节中的实验 2a 旨在探讨基于颜色和拟人化视觉设计元素的学业情绪对 AR 学习的影响。根据以往研究，多媒体材料积极情绪设计使得学习者比学习纯文本信息时更关注学习材料（Park & Lim，2007）。从技术层面来看，AR 学习不同于传统的文本学习方式。AR 技术通过实时交互、虚实结合和三维注册等特点，利用实时识别和增强学习资源的可视化效果，使学习内容以更加生动和互动的方式呈现。快速呈现的清晰 3D 图像能够让学习者通过视觉、听觉和触觉等方式直接感知。真实且互动的体验在一定程度上增强了学习者的沉浸感，这是传统文本学习无法比拟的，不仅是影响学生深度认知的关键因素，也在激发学生积极学习兴趣方面发挥着重要作用（蔡苏等，2021；王国华，张立国，2017）。相比于传统的文本学习环境，经过情绪设计后的学习材料在 AR 技术支持下是否更有利于学生的学习活动，尚未得到充分验证。AR 学习与文本学习的重要差异不仅体现在学习方式上，更体现在学习理念的变化上，尤其是在多媒体认知情感机制中，情感变化的通路发生了实质性转变（例如，控制感和兴趣等内在情绪的激发）。在 AR 学习模式下，原有的多媒体学习认知–情感理论得到进一步完善，学习者对学习内容和方式的控制感增强，从而激发其产生更多的积极情绪，促进产生更好的学习效果。因此，本节的实验 2b 在实验 2a 的基础上，加入了感知互动特性，探讨在不同的视觉情绪设计条件下感知互动特性对 AR 学习的影响。本研究提出如下假设：①在 AR 学习条件下，暖色调材料比黑白灰色调材料能带来更低的认知负荷和更高的学习动机；②在 AR 学习条件下，拟人化比非拟人化能带来更低的认知负荷和更高的学习动机；③采用 AR 学习比采用文本学习能带来更低的认知负荷和更高的学习动机。

一、实验 2a　基于颜色和拟人化的交互性视觉设计对小学生学习效果的影响

（一）研究方法

1. 被试

以整群随机取样的方法选取河北省小学三年级学生 138 人，其中有效被试为107 人，有效率为 78%，男生 56 人，女生 51 人，被试的平均年龄为 10.26 岁（SD = 0.649）。所有被试的母语均为汉语，视力或矫正视力正常，此前未参加过类似实验，并自愿参与本研究。被试信息见表 9-5。

表 9-5　被试信息　　　　　　　　　　单位：人

色调	拟人类型	人数
暖色调	拟人化	30
	非拟人化	22
黑白灰色调	拟人化	30
	非拟人化	25

2. 实验设计

采用 2（色调：暖色调，黑白灰色调）×2（拟人类型：拟人化，非拟人化）的被试间实验设计。因变量为学习动机和认知负荷。

3. 研究工具

单词学习 AR 卡片：AR 识别卡使用北京智合清扬科技有限公司研制的《小宝动物园》产品，该产品是一款基于 AR 技术的英语学习产品，共包含 64 张 AR 卡片，卡片正面是动物的中文和英文单词，反面是相应的动物图片。本研究选取三年级小学生所处授课学期教材中的 12 个动物单词（教师未讲授），学生可以通过手机扫描动物图片以进行 AR 学习，扫描之后可以看到立体的动物形象，伴随动物的叫声、中英俄韩文发音及动物习性介绍。与此同时，学生可以与动物进行互动，可以自行选择自己需要学习的内容，在一定程度上成为学习的主体。其中暖色调与黑白色调卡片的颜色不同，但图案及形状完全相同，拟人化图案均画于卡片上方空白处。除了原始 AR 卡片外，其余各种实验材料均由研究者自行制作（均可以通过 APP 识别）。为了与学生在读学校课堂教学使用的教材相适应，本研究中暖色调组呈现的学习材料均为饱和度高、颜色明亮（粉色、橙色和绿色）的材料。

小学生学习动机问卷：刘加霞等（2000）对 Biggs（1987）的学习过程问卷进行了改编，贾小娟等（2012）在刘加霞等（2000）改编问卷的基础上再次进行了修订，形成了小学生学习动机问卷。该问卷包括表层型、深层型、成就型三个动机维度，共 16 个条目，采用利克特 4 点计分，具有较好的信效度。在本研究中，该问卷的 Cronbach's α 系数为 0.717。施测时，主试均会对各条目予以相应的详细解释。

NASA 任务负荷指数量表（Hart & Staveland，1988）：其评估心理负荷包括两个步骤。第一步需要学习者就完成任务的实际情况，对 6 个条目进行位置标记；第二步是计算总心理负荷值。借鉴听障小学生的认知负荷测量的研究（Al Atiyat，2018），本研究拟采用此工具进行认知负荷评估。在国内外工程心理学领域的认知负荷（心理负荷）研究中，该量表是最常用的工具之一。本研究在使用该量表进行测试前，结合各维度说明，均对该量表各条目内容进行了详细讲解。施测过程中，在被试对每一条目进行作答前，主试均再次予以解释。小学生在填答量表的过程中如遇到疑问可随时举手，主试会及时进行解答。主试在确保班内所有学生都清楚了解了某一条目后再让其作答，之后再进行下一条目的解释。

华为荣耀 V9 手机：具备麒麟 960 八核处理器，主屏尺寸为 5.7 英寸，主屏分辨率为 2560 像素×1440 像素，屏幕像素密度为 515 像素/英寸，具备拍照功能。该手机装载有实验用 AR 学习卡片对应的 APP。

联想小新 AIR14（2021 款）：具备 AMD R5-5500U 处理器，主屏尺寸为 14 英寸，分辨率为 1920 像素×1080 像素，在研究中作为投屏设备，便于学习者观看 AR 教学内容，创设更为真实的教学环境。

4. 研究程序

准备阶段：实验在安静的校园教室中进行，主试向被试介绍 AR 卡片及如何使用手机进行扫描、学习的基本操作，说明指导语及注意事项，确保被试没有疑问后开始进行正式学习。

学习阶段：将被试随机分配至四个实验条件的 AR 学习中。每个被试仅参与一种实验条件，分别在暖色调拟人化图案、暖色调非拟人化图案、黑白灰色调拟人化图案、黑白灰色调非拟人化图案条件中利用 AR 设备学习 12 个英文单词。主试使用手机对卡片进行扫描，小学生被试通过屏幕投屏进行课堂学习（更接近真实的课堂环境学习）。学习之后，小学生上台亲自体验 AR 程序的操作，在固定时间的体验过程中，小学生对 AR 卡片进行扫描，可以对呈现在手机中的 3D 图像及其语音等进行操控（利用 APP）。

施测阶段：学习结束后，被试填写由小学生学习动机问卷和 NASA 任务负荷指数量表组成的测评量表。

（二）结果与分析

1. 不同交互性视觉设计对认知负荷的影响

不同交互性视觉设计的认知负荷情况见表 9-6。多因素组间方差分析发现，在认知负荷上，拟人类型的主效应显著 [$F_{(1, 103)} = 8.030$, $p < 0.01$, $\eta^2 = 0.072$]，采用拟人化设计带来的认知负荷（$M = 42.839$）显著高于非拟人化（$M = 33.823$）。而色调的主效应、色调与拟人类型的交互作用均不显著（$ps > 0.05$）。

表 9-6　不同交互性视觉设计的认知负荷情况

项目		M	SD
暖色调	拟人化	45.556	17.423
	非拟人化	32.333	12.042
黑白灰色调	拟人化	40.122	18.696
	非拟人化	35.133	15.782
总计		38.879	17.002

2. 不同交互性视觉设计对学习动机的影响

不同交互性视觉设计的学习动机情况见表 9-7。多因素组间方差分析发现，色调的主效应、拟人类型的主效应以及两者的交互作用均不显著（$ps > 0.05$）。

表 9-7　不同交互性视觉设计的学习动机情况

项目		M	SD
暖色调	拟人化	47.600	6.657
	非拟人化	47.591	5.105
黑白灰色调	拟人化	43.533	7.243
	非拟人化	48.120	6.392
总计		46.579	6.677

二、实验 2b　基于颜色和拟人化的交互性视觉设计与感知互动特性对学习效果的影响

（一）研究方法

1. 被试

以整群随机取样的方法选取河北省小学三年级学生 266 人，其中有效被试为 229 人，有效率为 86%，男生 127 人，女生 102 人，被试的平均年龄为 10.2 岁（$SD = 0.663$）。所有被试的母语均为汉语，视力或矫正视力正常，此前未参加过类似实

验，并自愿参与本研究。被试信息见表 9-8。

表 9-8　被试信息　　　　　　单位：人

感知互动特性	色调	拟人类型	人数
AR	暖色调	拟人化	27
		非拟人化	25
	黑白灰色调	拟人化	29
		非拟人化	27
文本	暖色调	拟人化	31
		非拟人化	28
	黑白灰色调	拟人化	31
		非拟人化	31

2. 实验设计

采用 2（色调：暖色调，黑白灰色调）× 2（拟人类型：拟人化，非拟人化）× 2（感知互动特性：AR 学习，文本学习）的被试间实验设计。因变量为学习动机和认知负荷。

3. 研究工具

单词学习 AR 卡片：同实验 2a。

单词学习文本：仿照被试在读学校小学三年级英语教材制作的实验用书，书内印有与 12 张 AR 卡片相同的正反面图案，为更贴近小学生英语文本的学习环境，书内还加入了 Danny、Jenny 和 Li Ming 的卡通形象，以及三人之间的简单对话，如"This is an elephant"等。

小学生学习动机问卷、NASA 任务负荷指数量表、华为荣耀 V9 手机、联想小新 AIR14 等的情况同实验 2a。

4. 研究程序

同实验 2a。

（二）结果与分析

1. 不同交互性视觉设计和感知互动特性在认知负荷上的差异

不同交互性视觉设计和感知互动特性的认知负荷情况见表 9-9。多因素组间方差分析发现, 在认知负荷上, 感知互动特性的主效应显著 [$F_{(1, 221)} = 8.407$, $p < 0.01$, $\eta^2 = 0.037$], 采用文本学习方式的学生的认知负荷 ($M = 36.880$)显著高于采用 AR 学习方式的学生 ($M = 43.278$)。感知互动特性和色调的交互作用显著 [$F_{(1, 221)} = 5.949$, $p < 0.05$, $\eta^2 = 0.026$], 简单效应分析发现, 在采用 AR 学习方式的学生中, 使用暖色调学习材料的学生的认知负荷 ($M = 39.263$)显著高于使用黑白灰色调学习材料的学生 ($M = 34.667$); 在采用文本学习方式的学生中, 使用暖色调学习材料的学生的认知负荷 ($M = 40.034$)显著低于使用黑白灰色调学习材料的学生 ($M = 46.366$)。其余主效应和交互作用均不显著 ($ps > 0.05$)。

表 9-9　不同交互性视觉设计和感知互动特性的认知负荷情况

项目			M	SD
AR 学习	暖色调	拟人化	41.630	17.189
		非拟人化	36.707	19.180
	黑白灰色调	拟人化	36.540	17.288
		非拟人化	32.654	15.682
文本学习	暖色调	拟人化	37.247	18.027
		非拟人化	43.119	16.999
	黑白灰色调	拟人化	46.398	13.464
		非拟人化	46.333	15.139
总计			40.261	17.051

2. 不同交互性视觉设计和感知互动特性在学习动机上的差异

不同交互性视觉设计和感知互动特性的学习动机情况见表 9-10。多因素组间方差分析发现, 在学习动机上, 色调的主效应显著 [$F_{(1, 221)} = 6.475$, $p < 0.05$, $\eta^2 = 0.028$], 使用暖色调学习材料的学生的学习动机 ($M = 47.122$)显著高于使用黑白灰色调学习材料的学生 ($M = 45.116$)。感知互动特性和色调的交互作用显著 [$F_{(1, 221)} = 4.736$, $p < 0.05$, $\eta^2 = 0.021$], 简单效应分析发现, 在使用暖色调学习材料的学生中, 采用 AR 学习方式的学生的学习动机 ($M = 47.277$)显著高于采用文本学习方式的学生 ($M = 46.968$); 在使用黑白灰色调学习材料的学生中, 采用 AR 学习方式的学生的学习动机 ($M = 46.677$)显著高于采用文本学习方式的学生 (M

= 43.556）。其余主效应和交互作用均不显著（$ps > 0.05$）。

表 9-10　不同交互性视觉设计和感知互动特性的学习动机情况

项目			M	SD
AR 学习	暖色调	拟人化	48.074	4.731
		非拟人化	46.480	5.803
	黑白灰色调	拟人化	44.000	6.448
		非拟人化	43.111	5.659
文本学习	暖色调	拟人化	47.935	5.112
		非拟人化	46.009	5.793
	黑白灰色调	拟人化	45.290	6.837
		非拟人化	48.065	6.683
总计			46.148	6.120

（三）讨论

1. 不同交互性视觉设计对学习效果的影响

本研究发现，使用暖色调学习材料的学生的学习动机显著高于使用黑白灰色调学习材料的学生；采用拟人图案时，学生的认知负荷都偏高一些；在采用文本学习方式的学生中，使用黑白灰色调学习材料的学生的认知负荷显著高于使用暖色调学习材料的学生。根据多媒体学习认知-情感理论及相关研究，通过对学习材料进行内部情绪设计，可以激活学习者的积极学业情绪，从而达到提升学习效果的作用（Moreno & Mayer，2007）。在采用文本学习方式的学生中，使用黑白灰色调学习材料的学生的认知负荷显著高于使用暖色调学习材料的学生，这和多媒体学习认知-情感理论及前人的研究结果一致。根据多媒体学习认知-情感理论中的情绪中介假设，学习者的情绪会影响认知加工中的认知资源分配。暖色调降低了学习者感知到的任务难度，减轻了学习者的认知负担（龚少英等，2017）。

采用拟人图案并没有带来认知负荷的减少，反而增加了学生的认知负荷，这一点与前人的研究不同。在前人的研究中，学习者在进行多媒体学习时存在"娃娃脸偏见"现象,即带有圆圆的特征和大眼睛的事物被认为像婴儿,这些特征通过唤起婴儿般的人格属性从而诱发学习者的积极情绪。本研究采用拟人化情绪视觉设计并没有带来学习效率的改善,可以依据认知负荷理论和多媒体学习认知理论中的容量有限假设进行解释,学习者的认知资源是有限的,过多的内容会使其认知负荷反而增加,进而影响学习效果(Sweller,1994)。拟人图案比无拟人图案会带来更高的认知负荷,一方面可能是由于拟人图案相对较小,学生观察和识别起来比较困难,这是下一步研究可以进一步改进的地方;另一方面,AR 卡片上的拟人图案、AR 卡片自带的动物形状和扫描之后出现的 3D 动物模型存在一定的重复,增加了学生的认知负荷,没有激活他们的积极学业情绪,因而没有使他们产生更高的学习动机。

2. 不同感知互动特性对学习效果的影响

本研究发现,在认知负荷方面,感知互动特性的主效应显著。采用文本学习方式的学生的认知负荷显著高于采用 AR 学习方式的学生;在学习动机上,感知互动特性与色调的交互作用显著,对于使用黑白灰色调学习材料的学生来说,采用 AR 学习方式的学生的学习动机显著高于采用文本学习方式的学生。在 AR 多媒体学习环境中,相关人员可以从交互行为角度出发进行情绪设计,将 AR 学习材料与视觉层面传统的拟人、色调等情绪设计相结合,以此来调动学习者的积极情绪,进而改善其学习效果。根据控制价值理论和多媒体学习认知-情感理论,学习者如果对学习材料和学习内容有更强的控制感,就会产生更多的积极情绪,更多的积极情绪又会促使产生更好的学习效果。AR 多媒体学习的高度交互性和高度反馈性等特点使学习者在学习过程中可以对 3D 模型进行操作并接收反馈,在真实和虚拟之间架构了一座认知桥梁,减少了学习者的认知负荷,成为抽象概念和具体情境之间"最完美的情境脚手架"(Bower et al.,2014)。本研究结果表明,AR 学习凭借着高度的互动性、及时反馈性等优势,能显著减少学习者的认知负荷,这与前人在其他学科研究中得到的结果保持一致(Küçük et al.,2016)。

AR 多媒体学习可以使学习者可以全身心投入其中,并在学习过程中进行操作,感受到较高水平的参与感和带入感,从而激发学习者的学习兴趣,调动其学习动机。AR 多媒体学习增强了学生对课程和知识的学习兴趣,学生的内源性动机也会有所提高（李强，卢尧选，2019）。相较于传统的图文材料，基于 AR 技术开发的 AR 读物在提高学习者的学习动机上也有着明显优势。当学生阅读 AR 电子书时，AR 多媒体学习的学习场景化特点使 3D 图像可以叠加显示在书页上，这类学生在与学习动机相关的注意力和满意度两个激励因素上也都显著优于使用传统电子书阅读的学生（杨健，2020）。

　　研究表明，相比于传统学习材料，使用 AR 学习素材的幼儿识字的记忆效果更好（朱必熙，卓皓，2018）。莫雷诺提出的多媒体学习认知-情感理论中，多媒体学习材料的视觉设计作用被提升，体现出认知与情感的双重作用。但是，该理论仅针对常态化的多媒体学习。AR 学习作为一种新型的现代化多媒体学习方式，其学习机制在认知情感方面具有特异性。在 AR 学习环境下，多媒体学习的认知情感机制转变成基于自我解释效应的认知情感具身互动机制，这种机制主要有三个特性：①多媒体的场景化学习；②具身化的认知情感结合；③基于自我解释效应的扩展的感知觉。

　　AR 学习环境构建了大尺度空间的优势。在 AR 学习过程中，具身认知的"身体"概念不仅包含解剖学结构，而且涉及身体状态和活动方式等一系列心理属性（Ballard et al.，1997）。AR 本身成为一种环境设置，AR 应用活动中的具身认知是通过身体的经验和身体的活动形成的（Zhao et al.，2017）。认知主体的卷入和参与程度、心理可视化以及二维空间向三维空间的转化成为 AR 交互的重要特性。依据学生的教育游戏水平提供相应的提示性问题，教育游戏可以产生自我解释效应（指学习者在学习过程中，通过主动解释和澄清所学内容，促进理解与记忆的现象）。类似于 AR 学习的动态学习资源，要产生自我解释效应，需要依据学生水平匹配有差异化的引发自我解释的策略并采取联合策略实施（杨翠蓉等，2021）。综合来看，在 AR 学习中，情绪设计主要包含色调设计和交互行为设计（拟人化被排除在外），这种设计主要通过基于自我解释效应的扩展的感知觉来实现。AR 学习环境为学习材料与自我解释的连接提供了技术条件。以控制感与交互反馈、兴趣为依托，AR 学习方式实现了认知特征和情感特征的良好结合。

第三节　认知情感设计下 AR 多媒体学习效果研究

　　AR 技术可被视为一种特殊的 VR 技术，与 VR 技术有相同之处，但又存在着更为明显的优势。它是一种将三维虚拟的文字、图形以及注释等与现实情境有机融合在一起的独特技术，在心理学感知觉层面具有良好的增强属性，并能提供更佳的用户体验。AR 技术起源于 20 世纪 90 年代，最初被应用于航空领域，后因其便利性、真实性、交互性和实用性等优点，逐渐扩展到教育领域。在教学过程中，AR技术与传统的多媒体技术相结合，将学习内容呈现在现实情境中，使学习者能够利用视觉、听觉等多种感觉通道对学习内容进行加工。作为一种新型学习手段，AR技术丰富了学习和教学形式，并且扩展了人们对教学材料的设计空间。在不同的视听设计与情绪设计条件下，学习者的学习效果也存在差异（Mayer & Estrella, 2014；龚少英等，2017；熊俊梅等，2018）。如何使 AR 技术有助于提高学习者的学习效果？AR 技术又会对个体的学习心理产生怎样的影响？为解决诸如此类的问题，我们将在前人研究的基础上开展进一步的研究。本研究拟从 AR 多媒体学习角度出发，试图考察在不同视听与情绪设计下 AR 学习的不同特性对学习效果的影响。

　　多媒体学习认知理论指出，个体会通过视觉、听觉双感觉通道对信息进行加工（Mayer, 2014）。但随着研究的深入，有学者倾向于认为多媒体学习认知理论过于看重整个学习过程中的认知因素，而对诸如情感、动机等这些更为重要的因素缺少考察。莫雷诺在此基础上提出了多媒体学习认知-情感理论，即在多媒体学习过程中，个体会利用视觉和听觉双感觉通道对输入的信息进行选择、筛选和整合，并且该过程会受到情感、动机等方面的影响（Moreno, 2006, 2009）。AR 技术将虚拟的物体和真实的环境实时地叠加在同一个空间，使整个学习过程由传统的二维空间转化到现实的三维空间，在学习时，学习者可以利用视觉、听觉等多种感觉通道的反馈，提升自身注意力和能动性，从而进一步促使其学习动机和知识迁移能力的提高（Jerry & Aaron，2010；蔡苏等，2016；刘潇等，2019）。有研究发现，AR 技术能较为明显地提高学前阶段儿童的学习效果，可以将抽象且难以理解的学习内容以可视化的方式呈现出来，使儿童能够相对容易地直接获取大量知识，这大大降低了学习内容的难度，进而提高了学习效率（乜勇，万文静，2021；倪慧文，胡永斌，2019）。

声音作为传授学习材料的主要方式之一，对学习者的学习效果存在重要影响，而音高又是声音最主要的特色之一，对于个体对学习材料的记忆效果具有重要的促进作用（Skrinda et al.，2014）。研究表明，不同的音高对个体的学习效果具有不同的影响，但音高对个体学习效果的具体影响尚未得出统一的研究结论。有研究发现，在声音强度不变的情况下，儿童更偏好高音（栾毅等，2009）。也有研究发现，相对于低音组，原始音组的长时记忆效果更好（Helfrich & Weidenbecher，2011）。同时，对不同音高的偏好还受到学习者性别的调节，男性认为高音女性的声音比低音女性的声音更具有吸引力（Skrinda et al.，2014），而女性更偏好低音男性的声音，并且相对于高音组，低音组对视觉物体的记忆力水平更高（Smith et al.，2012）。基于此，本研究将在前人研究的基础上进一步探究听觉设计对小学生 AR 多媒体学习动机和认知负荷的影响，以期提高小学生的学习效果。

情绪设计是着眼于影响学习者学习效果的设计，具体体现在影响学习者情绪变化的各种方式的设计上（Heidig et al.，2015；陈佳雪等，2018）。研究表明，作为多媒体学习的重要教学手段之一，情绪诱发对学习者的学习效果（包括主观效果与客观评定）存在深刻的影响（Plass et al.，2014；Um et al.，2012）。但研究者对情绪诱发能否对学习者产生积极效应这一问题的观点不一，目前主流的观点基本上可分为两类：情绪促进假说认为，诱发学生的积极情绪有利于提高学生的学习动机，促进其认知加工，最终提高主客观学习效果（Efklides et al.，2006）。但认知负荷理论则指出，学生在学习过程中产生的情绪是一种外在认知负荷，会增加学习者的认知负荷，反而不利于提高学习者的学习效果（Mayer et al.，2001；龚少英等，2014）。有研究结果表明，带有积极情绪的学生的总体学习效果优于中性组，并且积极情绪能显著影响学生的知识迁移效果（Um et al.，2012）。但 Knörzer 等（2016）的研究却与之不同，该研究发现，利用外部因素诱发的积极情绪对学习效果的影响不大，甚至会阻碍学生对学习内容的吸收。基于此，本研究进一步考察在认知情感下的视听与情绪设计对小学生 AR 多媒体学习效果的影响。

在 AR 技术的基础上，本研究考察了不同视听表征方式和情绪设计对小学生英语学习动机和认知负荷的影响，扩展了 AR 多媒体教学设计，提出了 AR 多媒体视听情绪设计的构想。实验 3a 的目的在于探讨 AR 多媒体学习材料的声音性别与音高对小学生英语学习动机和认知负荷的影响。实验 3b 在实验 3a 的基础上，进一步探究情感与感知的相互作用对小学生英语学习动机和认知负荷的影响。由此，本研究提出以下假设：①听觉设计下，AR 多媒体学习材料的音高对小学生的英语学习动机和认知负荷产生影响。②情绪设计对小学生的英语学习动机和认知负荷产生影响，积极情绪的学生的学习动机显著高于中性情绪的学生的学习动机，而积极情绪的学生的认知负荷显著低于中性情绪的学生的认知负荷。③多媒体认知情感设计环境下，视听设计与情绪设计的相互作用对小学生的英语学习动机和认知负荷产生影响。

一、实验 3a　听觉设计对 AR 多媒体英语学习效果的影响

（一）研究方法

1. 被试

以整群随机取样的方法选取中国河北省小学三年级学生 96 人，其中，男生 48 人，女生 48 人，年龄范围为 8—11 岁，平均年龄为 9.292 岁（$SD = 0.631$）。所有被试的母语均为汉语，视力或矫正视力正常，此前未参加过类似研究，并自愿参与本研究。

2. 研究工具

AR 学习材料：包含 AR 学习软件（北京智合清扬科技有限公司研制，内含 AR 识别卡片）、刺激呈现硬件、AR 听力研究材料。本研究选取三年级学生所处授课学期教材中的多个动物单词（共 12 个，教师未讲授相关内容），通过手机等设备，

学生自主扫描动物图片进行 AR 学习。扫描后，学生可以看到立体的动物形象，听到伴随动物的叫声、中英俄韩文发音及动物习性介绍。实验过程中，学生可以与动物形象进行互动，同时也可以自行选择需要学习的内容。AR 听力研究材料由女主持人录制而成，之后使用 Praat 软件（https://www.fon.hum.uva.nl/praat）对音频材料进行分析并完成声音性别转换，语速为平均每分钟 200 字，采样率为 48 000Hz，编码速率为 320kpbs。此软件可以在不改变声音其他属性的情况下改变音高（Jones et al.，2010），同时相关研究表明，音高变化 0.5ERB 就可改变声音的吸引力（Collins & Missing，2003）。因此，音高水平的划分可通过 Praat 软件，采用基因同步叠加算法，在原始音的基础上上升 0.5ERB 后形成高音，在原始音的基础上下降 0.5ERB 后形成低音。

认知负荷量表：本研究采用 Hart 和 Staveland 于 1988 年编制的 NASA 任务负荷指数量表测量学生的认知负荷水平（Hart & Staveland，1988）。该量表共包括表现程度、身体要求、心理要求、时间要求、努力程度和受挫折程度六个维度，最后，被试还需根据自己的实际情况，采用两两比较的方法选出与认知负荷关系更为密切的维度，最终计算出总认知负荷。施测前，主试会对每个条目的内容予以讲解。在测试过程中，主试对有疑问的条目会再次进行解释，确保班内学生都能理解各条目的意义。

小学生学习动机问卷：刘加霞等（2000）对 Biggs（1987）的学习过程问卷进行了改编，贾小娟等（2012）在刘加霞等（2000）改编问卷的基础上再次进行了修订，形成了小学生学习动机问卷。该问卷包含表层型、深层型、成就型三个动机维度，共 16 个条目，采用利克特 4 点计分。施测时，主试均会对各条目予以相应的详细解释。

3. 研究设计

本研究为 2（材料声音性别：男，女）×3（音高：原始音，高音，低音）的两因素被试间实验设计。因变量指标为认知负荷和学习动机。

4. 研究程序

本研究在无杂音干扰的教室内进行。研究人员按预定顺序引导被试入座，详细讲解 AR 设备的各项功能和使用方法，确认所有被试均完全掌握后，正式开始研究。

首先，研究人员向被试宣读标准化指导语，详细解释研究流程、注意事项及被试的角色，确保被试充分理解后再让其填写基本信息。其次，研究人员将 AR 设备设为静音，发放带识别标记的卡片，将 AR 设备交给被试操作，同时计算机播放听力材料，被试利用设备扫描卡片后学习新单词。学习结束后，被试完成认知负荷量表和学习动机诊断测验。

（二）结果与分析

1. 描述性统计

采用 SPSS17.0 对数据进行分析，不同听觉设计条件下的学习动机和认知负荷的描述性统计结果见表 9-11。

表 9-11　不同听觉设计条件下的学习动机和认知负荷的描述性统计结果（$M \pm SD$）

变量	材料声音性别	低音	原始音	高音
学习动机	男	43.600 ± 7.753	47.500 ± 6.653	44.467 ± 5.998
	女	43.750 ± 7.206	49.467 ± 5.842	42.842 ± 5.091
认知负荷	男	26.000 ± 14.604	24.188 ± 15.008	28.200 ± 11.073
	女	31.333 ± 12.906	41.111 ± 14.623	21.842 ± 9.517

2. 学习动机

在学习动机上，材料声音性别的主效应不显著 $[F_{(1, 90)} = 0.015, p > 0.05]$。音高的主效应显著 $[F_{(2, 90)} = 5.858, p < 0.01, \eta^2 = 0.115]$，其中，原始音条件下学生的学习动机（48.452 ± 6.249）高于低音条件（43.677 ± 7.350）和高音条件下学生的学习动机（43.559 ± 5.484）。两者的交互作用不显著 $[F_{(2, 90)} = 0.626, p > 0.05]$。

3. 认知负荷

在认知负荷上，材料声音性别的主效应显著 $[F_{(1, 90)} = 3.963, p = 0.05, \eta^2 = 0.042]$，当听力材料为女性声音时学生的认知负荷（30.660 ± 14.460）显著高于当听力材料为男性声音时学生的认知负荷（26.087 ± 13.504）。音高的主效应不显著 $[F_{(2, 90)} = 2.773，p > 0.05]$。材料声音性别和音高的交互作用显著 $[F_{(2, 90)} = 6.461，p < 0.01，\eta^2 = 0.126]$，简单效应分析发现，当听力材料为原始音时，男生的认知负荷（24.188 ± 15.008）显著低于女生的认知负荷（41.111 ± 14.623）。

二、实验 3b　情绪设计和视听设计对 AR 多媒体英语学习效果的影响

（一）研究方法

1. 被试

以整群随机取样的方法选取中国河北省小学三年级学生 119 人，男生 62 人，女生 57 人，年龄范围为 8—11 岁，平均年龄为 9.420 岁（$SD = 0.631$）。其他属性同实验 3a。

2. 研究工具

AR 听力研究材料：同实验 3a。

AR 卡片和文本卡片研究材料：研究使用与实验 3a 相同的 AR 识别卡片 12 张，并自制出与之对应的传统文本识别卡片 12 张，以文本形式呈现的卡片在大小、形状等方面与 AR 识别卡片均一致。

情绪诱发研究材料：情绪图片来源于中国情绪材料图片系统（Chinese Affective Picture System，CAPS），以中性图片和积极图片各 16 张作为情绪启动材料（龚栩等，2011），每种情绪启动材料包括男性面孔图片与女性面孔图片各 8 张。在研究开始前，向被试呈现中性情绪诱发图片或积极情绪诱发图片，使其产生相对应的情绪体验。

积极情绪量表：采用邱林等（2008）修订的积极情感-消极情感量表中的积极情感分量表作为测量工具，该量表包含 9 个积极情绪词，采用利克特 5 点计分。

学习动机诊断测验和认知负荷量表：同实验 3a。

3. 研究设计

本研究采用 2（情绪性质：积极，中性）×2（材料声音性别：男，女）×2（材料类别：AR，文本）×3（音高：原始音，高音，低音）的多因素混合实验设计。其中，音高为被试内变量，情绪性质、材料声音性别和材料类别均为被试间变量，因变量指标为认知负荷和学习动机。

4. 研究程序

准备阶段：本研究在无噪声干扰的教室内进行。研究人员有序引导被试入座，详细讲解 AR 设备的操作使用方法，确保被试完全掌握后进入研究阶段。

研究阶段：①在正式开始前，研究人员宣读研究流程和注意事项的指导语，被试在听明白后填写人口统计信息。②被试依序观看中性或积极情绪的图像刺激，每张呈现 15s。观看结束后，被试填写积极情绪量表。③研究人员将设备音量调成静音，并派发 AR 识别卡片。被试利用设备扫描卡片后学习英语单词。学习结束后，被试完成认知负荷和学习动机的评估问卷。④由于音高是被试的内生变量，需要重复步骤③两次以收集相关数据。

（二）结果与分析

1. 学习动机

采用 SPSS 17.0 软件对数据进行分析，不同情绪设计和视听设计条件下学习动机的描述性统计结果见表 9-12。

表 9-12　不同情绪设计和视听设计条件下学习动机的描述性统计结果

情绪性质	材料类别	材料声音性别	低音		原始音		高音	
			$M \pm SD$	n	$M \pm SD$	n	$M \pm SD$	n
积极情绪	AR	男性	40.167 ± 7.382	18	40.056 ± 8.828	18	41.278 ± 10.133	18
		女性	44.933 ± 7.824	15	44.533 ± 5.829	15	45.800 ± 7.360	15
	文本	男性	45.200 ± 4.280	15	43.533 ± 5.423	15	45.833 ± 7.542	15
		女性	40.722 ± 6.815	18	41.778 ± 6.394	18	40.111 ± 7.012	18

续表

情绪性质	材料类别	材料声音性别	低音		原始音		高音	
			$M \pm SD$	n	$M \pm SD$	n	$M \pm SD$	n
中性情绪	AR	男性	45.909 ± 8.277	11	43.909 ± 6.992	11	45.182 ± 6.369	11
		女性	41.267 ± 5.824	15	41.800 ± 6.349	15	42.200 ± 7.485	15
	文本	男性	44.500 ± 6.882	12	43.417 ± 7.948	12	45.833 ± 7.542	12
		女性	44.933 ± 8.172	15	43.133 ± 6.501	15	44.067 ± 7.255	15

在学习动机上，音高 $[F_{(2, 111)} = 1.700，p > 0.05]$、情绪性质 $[F_{(1, 111)} = 0.923，p > 0.05]$、材料声音性别 $[F_{(1, 111)} = 0.286，p > 0.05]$ 和材料类别 $[F_{(1, 111)} = 0.086，p > 0.05]$ 的主效应均不显著。情绪性质、材料声音性别和材料类别的交互作用显著 $[F_{(1, 111)} = 4.862，p < 0.05，\eta^2 = 0.042]$，简单效应分析发现，当学生的情绪为积极情绪，同时播放的听力材料为男性声音时，学生采用 AR 学习方式时的认知负荷（40.500 ± 1.538）显著低于采用文本学习方式时的认知负荷（44.267 ± 1.685）。其余交互作用均不显著（$ps > 0.05$）。

2. 认知负荷

采用 SPSS 17.0 软件对数据进行分析，不同情绪设计和视听设计条件下认知负荷的描述性统计结果见表 9-13。

表 9-13　不同情绪设计和视听设计条件下认知负荷的描述性统计结果

情绪性质	材料类别	材料声音性别	低音		原始音		高音	
			$M \pm SD$	n	$M \pm SD$	n	$M \pm SD$	n
积极情绪	AR	男性	43.037 ± 12.654	18	41.899 ± 16.768	18	41.615 ± 20.500	18
		女性	31.977 ± 22.952	15	30.711 ± 19.001	15	33.465 ± 18.589	15
	文本	男性	27.689 ± 13.436	15	48.889 ± 20.049	15	51.201 ± 16.392	15
		女性	37.388 ± 18.037	18	38.871 ± 15.645	18	36.316 ± 16.970	18
中性情绪	AR	男性	55.969 ± 16.361	11	51.575 ± 16.914	11	54.030 ± 18.988	11
		女性	36.134 ± 15.464	15	37.577 ± 14.490	15	38.711 ± 14.072	15
	文本	男性	60.279 ± 15.295	12	61.556 ± 17.222	12	63.113 ± 18.642	12
		女性	22.023 ± 18.579	15	25.045 ± 14.206	15	24.401 ± 17.937	15

在认知负荷上，音高 $[F_{(2, 111)} = 3.013，p > 0.05]$ 和材料类别 $[F_{(1, 111)} = 0.000，$

$p > 0.05$] 的主效应不显著，而情绪性质 [$F_{(1, 111)} = 4.399$，$p < 0.05$，$\eta^2 = 0.038$] 和材料声音性别 [$F_{(1, 111)} = 42.026$，$p < 0.001$，$\eta^2 = 0.275$] 的主效应显著。事后检验发现，学生处于积极情绪时的认知负荷（38.587 ± 1.781）显著低于处于中性情绪时的认知负荷（44.201 ± 1.998）；听力材料为女性声音时学生的认知负荷（32.718 ± 1.821）显著低于听力材料为男性声音时的认知负荷（50.070 ± 1.962）。音高和材料类别 [$F_{(2, 111)} = 4.123$，$p < 0.05$，$\eta^2 = 0.036$]、情绪性质和材料声音性别 [$F_{(1, 111)} = 13.277$，$p < 0.001$，$\eta^2 = 0.107$] 的交互作用显著，简单效应分析发现，在学习过程中，当采用 AR 学习方式时，学生在低音条件下的认知负荷（41.779 ± 2.231）显著低于高音条件下的认知负荷（41.955 ± 2.360），且均显著高于原始音条件下的认知负荷（40.438 ± 2.228）；当学生处于积极情绪时，听力材料为女性声音时学生的认知负荷（34.788 ± 2.519）显著低于为男性声音时的认知负荷（42.387 ± 2.519）。音高、情绪性质和材料声音性别的交互作用显著 [$F_{(2, 111)} = 3.242$，$p < 0.05$，$\eta^2 = 0.028$]，简单效应分析发现，在学习过程中，当学生处于中性情绪，同时播放的听力材料为女性声音时，相对于其他音高来说，学生在低音条件下的认知负荷最低（29.078 ± 3.080）。音高、材料声音性别和材料类别的交互作用显著 [$F_{(2, 111)} = 3.872$，$p < 0.05$，$\eta^2 = 0.034$]，简单效应分析发现，在学习过程中，当采用 AR 学习方式，同时播放的听力材料为女性声音时，相对于其他音高来说，学生在低音条件下的认知负荷最低（34.055 ± 3.080）。情绪性质、材料声音性别和材料类别的交互作用显著 [$F_{(2, 111)} = 6.128$，$p < 0.05$，$\eta^2 = 0.052$]，即当学生处于积极情绪，同时播放的听力材料为女性声音时，学生采用 AR 学习方式时的认知负荷（32.051 ± 3.721）显著低于采用文本学习方式时的认知负荷（37.525 ± 3.397）。其余交互作用均不显著（$ps > 0.05$）。

（三）讨论

1. 视听设计对 AR 多媒体英语学习效果的影响

实验 3a 发现，音高在学习动机上的主效应显著，材料声音性别在认知负荷上的主效应显著，且音高和材料声音性别的交互作用显著，这一结果部分验证了研究假设。在材料声音性别上，研究过程中播放的听力材料采用的是 AI 语调，对于低年级小学生来说，这种智能化的语调缺乏生动性及趣味性，略显刻板僵硬，因此这一研究材料并没有较好地展现出在现实生活中多数男性与女性声音的真实差异，以致被试在学习动机上不存在显著差异。经检验，材料声音性别在认知负荷上存在差异，当听力材料为男性声音时学生的认知负荷低于当听力材料为女性声音时的认知负荷水平，并且进一步分析材料声音性别与音高的交互作用发现，当听力材料为原始音时，当听力材料为男性声音时学生的认知负荷低于当听力材料为女性声音时的认知负荷。这可能是因为儿童更偏好高音（栾毅等，2009）。一般情况下，女性的音高水平比男性的音高水平更高，因此，相比于男性声音材料，女性声音材料更能吸引小学生的注意力，使他们的认知负荷水平更高。

研究结果发现，音高在学习动机上存在差异，被试在原始音条件下的学习动机明显高于低音和高音条件下的学习动机。以往研究发现，降低初始录音的音调会降低声音对个体的吸引力（Feinberg et al., 2008）。因此，相对于原始音，低音对被试的吸引力更弱，导致低音组被试的学习动机更低。虽然儿童更偏好高音，但是有研究发现，声音对个体产生的吸引力与音高、音调之间的正相关关系只存在于一定范围之内，太高的嗓音会更让人认为声音的发出者不成熟，情绪波动较大，反而会降低声音对个体的吸引力和注意力（Borkowska & Pawlowski, 2011; Montepare & Zebrowitz, 1987）。因此，高音组被试的学习动机水平较低。

不难发现，当采用 AR 学习方式时，在一定的视听条件下，音高的改变的确对小学生的学习效果产生了重要影响，这与前人研究结果一致（Helfrich & Weidenbecher, 2011; Smith et al., 2012）。音高作为人们能够最明显感知到的声音属性，对个体的学习效果有着重要的影响（Banse & Scherer, 1996），同时音高的改变对个体的情绪也起着重要作用（Niculescu et al., 2013）。因此，实验 3b 进一步加入情绪设计，以期探讨在视听设计与情绪设计共同作用下 AR 多媒体学习对小学生学习效果的影响。

2. 情绪设计和视听设计对 AR 多媒体英语学习效果的影响

在学习动机上，音高、情绪性质、材料声音性别和材料类别的主效应均不显著，但情绪性质、材料声音性别和材料类别之间的交互作用显著。首先，各变量的主效应不显著的原因可能有以下几点：第一，在本研究中，音高具有三个水平且为组内变量，所以小学生需要重复三轮研究并填写三次学习动机量表，重复的研究操作可能会造成练习效应或疲劳效应（Lorist，2008），以致研究结果不存在显著差异。第二，本书所关注的学习动机只局限于小学生在本研究中的英语学习动机，在每次填写量表之前，主试均会向被试强调："量表中的题目只是测量你们对本次英语学习的感受"，这一行为可能会产生研究者效应（哈克，2004），因而造成研究结果不显著。其次，情绪性质、材料声音性别和材料类别的交互作用显著。周欣等（2020）的研究发现，关于情绪信息多通道整合的研究多采用单听觉、单视觉和视听结合三种通道类型。有研究表明，多通道情绪信息存在整合优势，即当视听通道接收相同的情绪信息时，两通道可相互促进，并加速情绪加工（De Gelder & Bertelson，2003；Ruffman et al.，2009），这与本研究结果一致。最后，数据分析发现，在整个研究过程中，小学生的学习动机水平高于以往平均水平，这与孙思佳和孟海蓉（2021）对小学生英语学习动机的调查结果一致，表明小学生对英语学习具有积极主动的态度，2001 年，教育部发布了《关于积极推进小学开设英语课程的指导意见》，明确表示全国城市和县城小学及乡镇所在地小学从小学三年级逐步开设英语课程。同时，根据小学生身心发展的特点，他们更关注新颖的刺激，因而对新学科具有较强的学习动机。

在认知负荷上，情绪性质和材料声音性别的主效应显著，部分交互作用也显著。具体来说，第一，本研究结果发现，在学习过程中，学生在积极情绪条件下的认知负荷显著低于中性情绪条件下的认知负荷，这与 Park 等（2015）的研究结果一致。情绪促进学习假说认为，积极情绪能够激发学习者对学习内容的兴趣，提高学习者的主动参与性（Pekrun et al.，2017），由于本研究中的学习内容比较简单，被试在学习过程中只需要付诸少量的心理努力就能完成对英文单词的学习。第二，当听力材料为女性声音时学生的认知负荷显著低于为男性声音时的认知负荷，这是因为本研究对象均为低年级小学生，此阶段的小学生一般都喜爱观看动态画面，而大部分动态画面通常采用童声化配音，所以小学生可能更偏爱温柔的女性声音。第三，部分交互作用显著，这一结果验证了研究假设，同时与以往部分研究结论保持一致（吴宝沛等，2014），再次证实了多通道情绪信息存在整合优势。通过分析数据发现，实验 3a 的研究结果在实验 3b 中得到了充分体现。学习动机呈动态变化，且 Ayres（2006）表示有效的教学过程应避免认知超载，因此，教育工作者应保证教学内容适量，借助各种教学手段以提高学生的学习效果。Albrecht 等（2013）的研究证实，AR 技术作为教学辅助工具是有益的，有利于提高学生的学习效果，比如，AR 多媒体学习结合了声音与视觉的三维立体成像，取代了课本上枯燥乏味的文字和生硬的图片，使得教学内容和课本知识更逼真，更具有沉浸感（于翠波等，2017），有助于充分调动学生的学习积极性和主动性，因此，在未来真实的教学情境中运用 AR 技术具有广阔前景。

本研究增加了 AR 学习中情绪设计的具体意义。在学习过程中，AR 多媒体不仅给小学生提供了生动形象的三维视觉刺激，还为其提供了新颖的解说式教学，这充分利用了 AR 多媒体在视听双通道上的优势，还从侧面强调了信息加工的双通道假设（Mayer，2003）。AR 学习中的教学设计成为现代 AR 学习实践应用的重要基础。认知情感设计下的视听设计与情绪设计对多媒体学习的积极影响为教学工作提供了启示：在未来研究中，教育工作者不仅可以通过改变学习材料的颜色种类、明亮程度等视觉信息来提高学习内容的吸引力，诱发学习者的积极情绪，进而提高小学生的多媒体学习效果，同时还应关注 AR 课堂中教育工作者在授课时的音高、声调等听觉信息方面的变化等。

第四节　AR 学习中不同学习策略对学习动机的影响研究

近年来，如何减轻学生负担、提高学习效率成为素质教育中的关键问题。以往的研究证实，高效率学习的心理结构包括五个主要内在因素：选择性注意、元认知、学习策略、非智力因素和内隐认知（沈德立，白学军，2006）。在这五个因素中，教师能够发挥最大作用的当属学习策略与非智力因素，以往的研究证明，学习策略、教学环境以及学习动机等这些因素确实对学习效果产生了影响，并且彼此之间相互作用（Closs et al.，2022；Donker et al.，2014；Wu et al.，2021）。小学儿童处于心理状态的关键发展阶段。在儿童晚期，孩子的思维由具体形象思维向抽象逻辑思维转变。此时，孩子的内部语言也在发展中，但不像成年人一样完善，仍然具有很强的具体形象性。在过渡阶段中，有一个关键的年龄段，即 9—11 岁，这一时期儿童的辩证思维开始萌发。二、三年级是小学生书面语言发展的关键时期，在此之前，他们的书面语言水平落后于口语水平，而在四年级之后，书面语言逐渐显示出优势。至于儿童的学习动机，一般而言，年级越低，学习动机越具体。随着年级的增长，他们的学习兴趣逐渐从外部活动（如游戏）转向内部的学习内容。然而，这种变化并不一定是自然形成的。根据进化心理学的观点，儿童的自然兴趣在于探索环境和社会人际关系，这与掌握学习能力的动机存在冲突。换句话说，在发展的关键时期，学生学习动机的发展需要外部力量，如家庭和学校教育等来进行指导与干预（王华容，谭顶良，2014）。

激发和维护学习动机是小学阶段的一个教学重点。动机是指激发个体的行动，并将其导向某一目标的内在驱动力。因此，学习动机可被定义为让学生自发进行学习的内在动力，是影响学生学业表现的一个关键因素（Steinmayr & Spinath，2009；林崇德等，2003）。Biggs（1987）将学习动机分为三个维度，表层型动机（surface motivation，SM）、深层型动机（deep motivation，DM）以及成就型动机（achievement motivation，AM）。表层型动机是指因表面的物质刺激，如奖励、报酬等而进行学习的动机，表层型动机高的学生通常将应付考试或课堂测试等作为自身的学习目标。深层型动机是指因更深层次的非物质刺激，如掌握知识、获得技能等而进行学习的动机，源自个体对所学内容的真实兴趣。成就型动机是指个体试图达成目标、获得成功的驱力（贾小娟等，2012；张亚玲，杨善禄，1999）。学习动机对学习绩效的影响是显著的，学习动机驱动学生进行学习活动，不同维度的动机指向的结果不同，即学习目标存在差异，因此个体所付出的努力和行动也不一致（张宏如，沈烈敏，2005；张敏等，2005）。

学习策略也是影响学习效率的一个重要维度。学习策略有很多类型，课堂中最常用的当属重复学习与提取练习。提取练习即测验，在日常的学习活动中，学生会自觉运用重复策略进行学习，但在学习与最终测验之间加入提取练习，学生的学习效果明显强于纯粹的重复学习（Karpicke & Roediger，2008；Roediger & Karpicke，2006）。提取策略有助于长时记忆的保持，从而提高学习效果。近年来热度逐渐升高的自我生成绘图策略也不得不提。自我生成绘图策略是指学生在学习无图片内容时，通过画图的方式将所学内容表达出来，即将学习内容可视化。自我生成绘图策略的重点有二：一是自我生成；二是图画表征。这一过程要求学习者进行一些建构性活动，使学习者通过图文整合的过程来掌握知识（Van Meter & Garner，2005）。

随着科学技术的发展，应用于学习活动中的多媒体技术也在不断更新和迭代。基于 AR 技术的新型学习方法具有良好的互动性，给学习者带来了与传统学习方法完全不同的体验。AR 技术的基本特点主要包括三点：虚实结合、实时互动和三维注册。AR 技术可以让用户体验到强烈的真实感和存在感。在教育心理学中，AR 技术对教师教学设计和学生认知策略的影响是科学研究的重要方向（周忠等，2015；赵小军等，2014）。AR 技术可以实现学生知识从抽象到具体的转化，以具体、逼真的方式展示文本内容，使文本内容更易理解，增强学生的兴趣，弥补传统学习方法的不足（刘雪飞，陈琳，2019）。近年来，将 AR 技术应用于教学活动中的益处已被研究。利用 AR 技术产生的 3D 模型的可视化效果极大地增进了学生对抽象概念的理解和感知。此外，AR 材料带来的存在感和互动性使学生仿佛身临其境，有助于提高学生的临场感和专注力（蔡苏等，2016）。

以往的研究发现，学习动机、学习策略、学习材料类型都会对学习效果产生影响，并且早有研究指出，学习策略与学习动机具有某种相关关系，二者相互促进，学习动机强的学生会使用更多元的学习策略，而学习策略的使用也会增强学生的学习动机（孙思佳，孟海蓉，2021）。但是关于三者之间关系的研究仍然较为少见。因此，本研究旨在探索不同类型的学习材料与学习策略对学习动机的影响，重复学习、提取练习、自我生成绘图三种学习策略在 AR 学习与传统文本学习两种不同学习材料上的呈现会对学生的学习动机产生不同的作用。

一、研究方法

（一）被试

以整群随机取样的方法选取河北省某小学三年级学生 60 名，性别比例较为均衡（女生 27 名，男生 33 名），年龄范围为 8—11 岁，平均年龄为 9.32 岁（$SD = 0.57$）。所有被试的母语均为汉语，视力或矫正视力正常，此前未参加过类似实验，并自愿参与本研究。

（二）材料

词汇测验题：将实验中使用的 10 个英文词汇编制成词汇测验题，要求被试根据提供的中文词回顾是否学过对应的英语单词，对未学过的词汇打"×"，学过的打"√"，并写出该词汇的英文拼写。为确保被试的初始学习水平相同，剔除能够默写出英文拼写的被试。

AR 材料：选取 10 张 AR 认知卡片，每张卡片上对应一种动物，使用 AR 软件扫描，屏幕呈现相应动物的彩色 3D 形象，并配有英文教学语音，以充分利用 AR 技术的交互性。实验中将 AR 认知卡片扫描制成 AR 视频加以呈现，视频内容包括 3D 动态动物形象、中英文单词以及英文教学语音。

文本材料：使用研究人员自制的文本材料，仿照教学课本，学习内容是与 AR 学习材料相同的 10 个中英文单词，以文本的形式呈现，包括 2D 静态动物形象以及中英文单词。为模拟传统文本学习条件，实验时不提供教学语音。

小学生学习动机问卷：刘加霞等（2000）对 Biggs（1987）的学习过程问卷进行了改编，贾小娟等（2012）在刘加霞等（2000）改编问卷的基础上再次进行了修订，形成了小学生学习动机问卷。该问卷共 16 个条目，采用利克特 4 点计分。

显示设备：15.6 英寸的笔记本电脑，屏幕分辨率设置为 1920 像素×1080 像素。

（三）实验设计

采用 2（学习材料：AR 材料，文本材料）×3（学习策略：重复学习，提取练习，自我生成绘图）的被试间实验设计，因变量为学习动机。

（四）研究程序

首先，将被试随机分为 6 组，其中文本重复组、文本提取组、文本绘图组、AR 重复组、AR 提取组及 AR 绘图组各 10 人。所有被试均经过词汇测验题筛选，为确保被试的初始学习水平相同，剔除能够默写出任一英文单词的被试。

其次，进入学习阶段，各组被试先学习相应的材料，文本学习组根据分发的文本材料进行学习，AR 学习组根据 AR 视频材料进行学习，时间为 80s；学习完成后，文本重复组和 AR 重复组进行重复学习，即重复呈现所学内容 2 次，每次 80s；文本提取组和 AR 提取组对所学内容进行随机提取，即在文本或屏幕上呈现中文线索词，让被试回忆相应的英语词汇，如"孔雀—？"，每个单词呈现时间为 16s；文本绘图组和 AR 绘图组进行自我生成绘图，即根据文字提示结合前面学习的材料在头脑中生成相应图像并绘制，如"dragon；它是神话里的动物，会喷火；它的身体像狮子，头像马；两只巨大翅膀像蝙蝠"，被试根据要求自行完成绘制，时间为 160s。

最后，所有被试根据相同指导语填写完成小学生学习动机问卷，以收集不同条件下学习者的学习动机水平数据。

（五）数据处理

实验数据使用 SPSS 26.0 软件进行处理与分析。针对异常数据，用箱形图筛选出异常值并用该组平均值进行替代处理。本研究在处理数据时，首先，对不同学习模式下的学习动机进行了描述性统计分析；其次，使用多元方差分析检验了学习材料和学习策略对学习动机的主效应以及它们之间的交互作用。

二、结果与分析

对使用不同学习材料和学习策略的三年级学生的学习动机进行描述性统计，具体结果如表 9-14 和表 9-15 所示。

表 9-14　不同学习材料下的学习动机的描述性统计数据

学习动机	AR 材料（$M \pm SD$）	文本材料（$M \pm SD$）	t	d
表层型动机	8.27 ± 1.87	7.37 ± 2.30	1.66	0.429
深层型动机	26.13 ± 3.79	27.37 ± 3.15	-1.37	-0.356
成就型动机	12.70 ± 3.42	12.30 ± 3.64	0.44	0.113
整体学习动机	47.10 ± 6.77	47.03 ± 6.45	0.04	0.011

表 9-15　不同学习策略下的学习动机的描述性统计数据

学习动机	重复学习策略（$M \pm SD$）	提取练习策略（$M \pm SD$）	自我生成绘图策略（$M \pm SD$）	F	η^2
表层型动机	7.45 ± 2.06	8.15 ± 1.87	7.85 ± 2.46	0.537	0.018
深层型动机	26.20 ± 3.21	28.95 ± 2.35	25.10 ± 3.77	7.866**	0.216
成就型动机	12.45 ± 3.98	12.35 ± 3.34	12.70 ± 3.33	0.051	0.002
整体学习动机	46.10 ± 6.50	49.45 ± 5.86	45.65 ± 6.92	2.079	0.068

注：**表示 $p<0.01$

将学习材料和学习策略作为自变量，将深层型动机作为因变量，进行多元方差分析。结果显示，学习策略的主效应显著 $[F_{(2, 54)} = 8.313，p < 0.01，\eta^2 = 0.235]$，使用提取练习策略时学生的深层型动机（$M = 28.95，SD = 2.35$）最高，显著高于使用重复学习策略（$M = 26.20，SD = 3.21，p < 0.01$）以及自我生成绘图策略（$M = 25.10，SD = 3.77，p < 0.001$）时的深层型动机。

将学习材料和学习策略作为自变量，将成就型动机作为因变量，进行多元方差分析。结果显示，学习材料和学习策略之间的交互作用边缘显著 $[F_{(2, 54)}=2.916，0.05 < p < 0.10，\eta^2 = 0.097]$。简单效应分析显示，在使用 AR 材料学习时，重复学习策略组学生的成就型动机（$M=14.10，SD=3.76$）比提取练习策略组（$M=11.40，SD = 2.88$）略高（边缘显著）。

三、讨论

（一）学习策略对培养学生深层动机的显著性

学习策略的使用与学生的学习动机密切相关（张亚玲，郭德俊，2001；周永垒等，2005）。与重复学习策略相比，提取练习策略在促进有意义学习方面具有明显优势，能够引发学生对学习材料的深层加工，鼓励学生形成掌握知识和技能的目标取向（马小凤等，2014）。深层型的加工策略能够有效增强学生对学习内容的感知易用性，即影响学生对学习轻松程度的认知，进而减少其学习挫败感，使其积极思考、主动探索，对于培养深层型动机具有良好的效用（Zhang & Yang，1999；刘妍等，2015）。使用自我生成绘图策略的学生在文本材料学习中的深层型动机高于 AR 材料学习。根据认知负荷理论，认知负荷的增加会阻碍个体的信息加工过程，内部认知负荷的大小与材料本身的复杂性有关。自我生成绘图主要是通过单词处理形成心理图像并加以绘制的过程。与文本材料呈现的平面图像相比，AR 材料呈现的 3D 动态图像的复杂性增加，因而学生的内部认知负荷也会增加，这可能会降低学生的学习效率，进一步导致其深层动机的减弱（Sweller，2011；丁道群，罗扬眉，2009）。曹宝龙等（2005）还指出，小学三年级学生使用的工作记忆资源策略的正确率会随着认知负荷难度的增大而显著降低。因此，还需要考虑 AR 技术在教育中的应用缺点。本研究讨论的学习策略主要基于视觉呈现。以往关于多媒体学习的研究指出，从听觉角度出发的学习策略也会影响学习者的学习过程和结果。熊俊梅等（2018）通过实验证明，在呈现多媒体学习材料时，将音高降低 0.5 ERB 可以有效引发学习者的积极情绪。Mayer（2009）还提出，与单一视觉通道材料相比，多媒体学习中音视双通道材料的呈现有助于学习者的记忆和转移，即产生模态效应。多媒体学习领域的研究结果与 AR 学习领域的研究结果是否一致？未来的研究可以进一步探讨学习策略对基于多感觉通道（如听觉和触觉）的 AR 学习中学生学习动机的影响。

（二）不同学习模式和学习策略的结合导致小学生的成就动机发生变化

在学习文本材料时，使用提取练习策略学生的成就动机高于重复学习策略，这可能是由于样本量未达到理想水平，这种趋势的显著性无法得到验证，需要在后续研究中通过扩大样本量进行测试。根据成就动机理论，在成功概率相等的情况下，目标的吸引力是影响个体成就动机的主要因素（Anderman，2020；贾林祥，刘德月，2011）。在学习文本材料时，与提取练习策略相比，重复学习策略更加枯燥，消耗了学生的学习热情，可能降低了学生的成就动机。AR 材料以 3D 形式呈现，尽管材料在学习过程中反复出现，学生仍然可以保持高度的注意力。然而，提取练习策略中 3D 动画的呈现时间较短，学生的兴趣无法持续，因此学生的成就动机相对较低。在采用重复学习策略的学生中，学生使用 AR 材料时的成就动机高于使用文本材料时的成就动机，这也证明以 AR 视频形式呈现学习材料可以有效激发学生的成就动机，从而有助于提高他们的学业表现（Schüler et al.，2021）。

因此，为了培养小学生积极的学习动机，教师需要引导学生采用多样化的学习策略，以应对不同学科的学习内容。对于需要理解和探索的学习材料，使用提取实践策略的效果将更加突出。此外，AR 技术可以将枯燥的文本材料以动画图像的形式呈现出来，这有助于提高学生的成就动机。

第十章

高效率学习视域下 AR 多媒体学习素材开发与设计

高效率学习视域下的 AR 多媒体学习素材是指利用 AR 技术开发的教育工具和资源，旨在提高学习效率和学习效果。这类学习素材通过在现实世界中叠加虚拟信息，为学生提供沉浸式和互动式的学习体验，有助于促进学生的主动学习和培养学生的探索精神，从而实现高效率学习。

本章侧重于开发和设计包含两种类型素材的 AR 多媒体学习素材库：认知思维类素材、道德与法治素材。认知思维类素材旨在通过提供各种认知思维训练和心理学实验，如逻辑推理、问题解决和创造性思维等，激励学生主动思考和解决问题，从而培养他们的认知技能和思维能力。道德与法治素材则专注于教育学生关于道德准则和法律知识的学习。通过模拟不同的社会场景和法律案例，学生可以在虚拟环境中学习和体验一些原则，理解其在现实生活中的应用。这种学习方式不仅有助于学生理解和记忆相关知识，还有助于培养和增强他们的道德意识等。

第一节　AR 多媒体学习中认知思维类素材的
开发与设计

在 AR 多媒体学习中，开发与设计认知思维类素材是十分有必要的。AR 技术通过将虚拟信息与现实世界结合起来，为学习者提供了全新的互动体验，而认知思维类素材作为认知学习过程中重要的基础性学习项目，研究者有必要开发系统性的学习材料。本节将从主体目标、素材库概述、针对人群以及 AR 多媒体学习中认知思维类素材示例四个方面介绍 AR 多媒体学习中认知思维类素材的开发与设计。

一、主体目标

关于认知思维类素材的 AR 多媒体学习素材库结合了心理学实验和中国古代认知与思维训练方法，旨在提高用户的逻辑思维、创造力、决策能力和自我反省能力，通过沉浸式和互动式体验，促进用户深度学习和内在思维能力的发展。

二、素材库概述

在该素材库中，我们整合了一系列的设备和技术原理来支持用户的学习体验。兼容的设备包括智能手机、平板电脑、AR 眼镜和头戴式显示设备，这些设备需支持高分辨率图像渲染、实时数据处理和空间追踪功能。为了支持多样化的交互方式，我们还整合了手势识别设备、触摸屏和外部控制器。在技术原理方面，我们采用了 AR 技术，结合真实世界、虚拟信息及计算机视觉等来识别和解析用户环境与手势，同时通过数据分析收集用户互动数据，提供个性化反馈和建议。

该素材库的主要目的是提供教育与训练，通过互动和沉浸式学习体验提升用户的学习效果，强调个性化学习，允许用户根据自身的学习进度和偏好对内容及其难度进行调整。此外，实时反馈机制能够根据用户的表现提供即时评估和反馈。该素材库包括心理学思维实验、中国古代思维训练方法、思维技能挑战三个部分，其中，心理学思维实验部分包含经典心理学实验的 AR 模拟，如斯特鲁普效应、记忆宫殿和注意力测试等，旨在帮助用户理解心理学原理和提高其认知功能；中国古代思维训练方法部分结合了围棋、书法、诗词创作等传统训练方法的 AR 体验，允许用户在虚拟环境中体验和练习这些技艺，促进用户思维灵活性和创造力的发展；思维技能挑战部分包括逻辑谜题、策略游戏和决策制定练习，旨在锻炼用户的逻辑思维和问题解决能力。

三、针对人群

该素材库的设计理念是满足各年龄段用户的学习需求，特别是中学生、大学生和成人终身学习者，为他们提供一个多维度的学习平台。它不仅适合那些渴望提升自身思维能力的个体，也为有意深化探索中国古代文化和思维训练方法的用户提供了极佳的资源。此外，该素材库还为教育工作者和心理学爱好者提供了宝贵的教学资源，使他们能够在教学和研究中更有效地利用现代技术与传统教育相结合的优势。

四、AR 多媒体学习中认知思维类素材示例

（一）诗词创作工坊

概念和目的：诗词创作工坊是一款结合了 AR 技术的多媒体学习应用，旨在通

过沉浸式体验引导用户深入了解和学习中国古代诗词的艺术。该工坊不仅致力于提升用户的文学创作能力和审美鉴赏力，还旨在通过诗词的创作和欣赏来锻炼用户的思维能力、情感表达能力和文化理解能力等。

功能特点：①沉浸式环境体验。用户通过 AR 眼镜或设备进入一个充满中国古典元素的虚拟环境，如仿古书房、山水园林等，这些环境设计旨在激发用户的创作灵感和诗意情怀。②诗词教学与指导。该工坊可提供从基础到高级的诗词创作教程，涵盖各种诗词形式（如唐诗、宋词等）和创作技巧。用户可以通过互动教程学习韵律、格律、意象等诗词元素，并通过虚拟导师获得个性化指导。③互动创作平台。用户可以利用 AR 技术提供的工具和资源（如选词辅助、韵脚提示等），在虚拟环境中直接创作诗词。同时，用户的创作过程可以实时可视化，如文字飘落在虚拟的水面或天空中，增强创作的趣味性和互动性。④社区互动与反馈。用户可以将自己的作品发布到该工坊的社区平台上，与其他用户分享、交流和互评诗词。这个社区旨在建立一个积极的互动环境，促进用户之间的学习和启发。⑤文化深度探索。除了诗词创作外，该工坊还提供了丰富的文化背景资料，包括历史人物、文化故事和艺术作品等，帮助用户更深入地理解诗词背后的文化和哲学意蕴。

适用人群：不论是中学生、大学生、教育工作者还是终身学习者，诗词创作工坊适合所有对中国诗词文化感兴趣的用户。对于希望提升自己的文学创作能力、深化文化理解或简单寻找创意表达方式的人来说，该工坊都是一个理想的选择。

（二）心理学思维训练实验室

概念和目的：心理学思维训练实验室是一个利用 AR 技术构建的虚拟学习环境，专门用来让用户亲身体验各种心理学实验和概念的平台。该实验室的目的在于通过直观、互动的方式帮助用户理解思维的基本原理和研究方法，同时通过让用户参与实验过程本身来锻炼他们的观察力、批判性思维和自我认知能力等。

功能特点：①沉浸式实验体验。用户能够在一个可控的虚拟环境中参与各种心理学实验，如感知错觉、记忆测试、注意力分散等实验。这种沉浸式体验能使用户直接观察实验效果和自己的反应，从而更深刻地理解心理学现象。②实时数据反馈。在参与实验过程中，用户的反应和决策会被实时记录与分析。系统会根据用户的表现提供个性化反馈，帮助他们了解自己在不同心理状态下的表现和偏差。③理论与实践结合。除了实验操作外，该实验室还提供了详细的理论教学和案例研究。用户可以在体验实验前后学习相关的心理学理论，有助于他们更好地理解实验的科学基础和实际意义。④可定制的实验设置。用户可以根据自己的兴趣和学习需求选择不同的实验与难度级别。这种可定制性不仅使该实验室能够服务于不同水平的用户，还增加了学习的灵活性和个性化。⑤互动讨论平台。该实验室提供了一个虚拟社区，让用户能够分享自己的实验体验并彼此交流见解，这种互动促进了知识的深化和观点的多样化。

适用人群：心理学思维训练实验室面向所有对心理学有兴趣的用户，包括学生、教育工作者、专业研究人员以及普通大众等。

第二节　AR 多媒体学习中道德与法治素材的开发与设计

道德与法治作为社会核心价值体系的一部分，其教学内容不仅涉及知识传授，还包含价值观的培养与法律意识的增强。AR 技术能够将抽象的道德与法治概念具象化，使学习者能够在沉浸式的互动环境中深刻理解社会规范与法律条文的实际意义和应用场景。本节将从主体目标、素材库概述、针对人群以及 AR 多媒体学习中道德与法治素材示例四个方面介绍 AR 多媒体学习中道德与法治素材的开发与设计。

一、主体目标

关于道德与法治素材的 AR 多媒体学习素材库旨在提高中小学生道德与法治课程相关的学习能力，推动中小学法治与道德教育手段方法的现代化。

二、素材库概述

该素材库基于 AR 道德与法治实验教室，通过 AR 技术以及多媒体设备，将 AR 多媒体学习素材进行平台应用，以寓教于乐的方式激发中小学生学习道德与法治知识的兴趣，帮助中小学生在游戏中接受正确认知，加深中小学生对法治精神和道德的理解，培养遵纪守法的法治意识，启发道德实践能力，树立正确的价值观。该素材库中的学习素材分为心理健康及个人发展类素材、道德意识提升类素材以及法治观念塑造类素材三大模块。

心理健康及个人发展类素材主要包括以下几种内容：①沟通能力，学习如何有效表达自己的想法，同时也学会倾听他人的观点。②团队合作，通过团队项目和活动，学习团队配合和共同完成任务。③同理心，学会理解和关心他人的感受。④自信，通过成功的学习经历让孩子建立自信和正向的自我形象。

道德意识提升类素材主要包括以下几种内容：①诚实守信，培养孩子的诚信品质。②关爱同伴，帮助需要帮助的人，增强孩子的同情心和友爱特性。③环保意识，爱护环境，节约资源，培养孩子的环境保护意识。

法治观念塑造类素材主要包括以下几种内容：①法治意识，使学生了解法治的重要性，增强遵纪守法的意识，自觉主动遵守法律和道德规范。②法治精神，包括法治理念，使学生内化为自觉遵循法治的精神领悟。③法治能力，通过法治知识学习，使学生具备分辨是非、保护合法权益的能力。④法治思维，学会运用法律法规来理性分析和解决问题。⑤公民意识和社会责任感，乐于履行公民权利与义务，维护公共利益。

三、针对人群

该素材库的针对人群为正处于法治观念与道德价值观培养关键时期的中小学生,包括小学高年级学生、初级中学(初一至初三)学生和高级中学(高一至高三)学生。

四、AR 多媒体学习中道德与法治素材示例

(一)心理健康及个人发展类素材:以合作能力培养为例

项目名称:AR 科学合作实验室。

适合人群:高中学生。

项目概述:AR 科学合作实验室是一款面向高中学生的科学项目合作类素材。学生在 AR 实验室里可以与其他学生组队,选择一个科学项目进行合作。学生们需要合理分配任务,相互沟通协调,处理突发事件,最终完成项目并进行汇报。

项目内容:学生携带 AR 眼镜进入实验教室后,系统可以识别平面区域并建立虚拟场景。在 AR 眼镜的视角下,各类实验设备和材料会按真实比例浮现在房间内,学生可以在物理空间中自由行动,浏览虚拟实验项目。例如,观察悬浮在空中的虚拟烧杯中的化学反应,或者查看桌面上组装好的虚拟火箭模型。学生可以使用真实的手在虚拟设备上进行操作,如抓取、拧开、摇晃等。选择科学项目后,学生们可以根据对应难度进行自由组队,相互沟通分配任务,在项目完成后,可以把虚拟实验结果通过摄像头投影到真实环境中,进行汇报展示。AR 系统可以记录学生的操作步骤,根据项目结果进行评分。

项目目标:①学习科学项目的过程和方法;②理解团队合作的重要性;③掌握分工与协作的技能;④提高解决问题和应变能力。

（二）道德意识提升类素材：以道德价值观培养为例

项目名称：AR 道德冒险乐园。

适合人群：小学高年级学生。

项目概述：AR 道德冒险乐园是一款面向小学高年级学生的道德意识提升类素材，通过模拟各种道德场景，让学生进行道德选择并获得积分奖励，从而达到启发正确认知、培养道德价值观的目的。

项目内容：学生携带 AR 眼镜进入实验教室后，系统可以识别平面区域并建立虚拟场景。学生看到眼前出现一个 3D 动画主题乐园，游乐设施和角色都是虚拟的。学生可以进入乐园的不同区域。比如，在诚实场景中，学生面前会出现一个虚拟的考试桌，需要决定在模拟考试中是否作弊；在见义勇为场景中，学生会看到一个被欺负的虚拟角色，需要选择是否出面制止；在乐于助人场景中，学生会看到一个需要接收帮助的虚拟对象，需要做出是否提供帮助的选择。学生每做出一个正面选择，都会获得虚拟的积分奖励。

项目目标：①培养学生诚实守信的品质；②增强见义勇为的社会意识；③树立乐于助人、热心公益的价值观念。

（三）法治观念塑造类素材：以守法过马路为例

项目名称：交通法治 AR 体验项目。

适合人群：小学高年级学生。

项目概述：交通法治 AR 体验项目是一款面向小学高年级学生的法治观念塑造类素材，通过模拟真实的交通环境，让学生学习和掌握过马路的法规知识和安全技能。

项目内容：学生佩戴 AR 眼镜进入实验教室后，系统会识别平面区域并构建虚拟场景。学生将看到一个 3D 动画交通路口，呈现车流、道路、交通信号灯等虚拟元素。当交通灯变红时，学生需在原地等待，只有当灯变绿时才能继续前进。在模拟过街过程中，可能会出现相关事件，如行人闯红灯过斑马线等，学生需根据虚拟情境做出正确决策。每做出一次正确操作，学生将获得积分奖励。通过身临其境的 AR 模拟体验，学生能够更直观地学习交通法规，增强法律意识。

项目目标：①学习交通信号灯和标志的含义；②掌握道路行人和车辆的行为规范；③培养遵守交通规则的意识。

第十一章

AR 多媒体学习中不良学业情绪的
改善策略研究

学业情绪是指学生在学习过程中与学业活动相关的情绪体验（Pekr□n et al., 2002；俞国良，董妍，2005），可分为积极学业情绪和消极学业情绪两种类型。前者能够显著提高学生的注意力和记忆力，促使学生更主动地参与学习活动（Linnenbrink，2007），还能够增强他们的自我效能感（Pekr□n et al., 2006）。后者通常是指学生在学习过程中经历的焦虑、厌倦、沮丧等负面情感状态（Pekr□n et al., 2002），会对学生的学习动机、参与度和学习效果产生不利影响。

AR 多媒体学习通过利用 AR 技术，能够将虚拟信息叠加到真实环境中，可为学生提供超越现实世界的体验（赵小军等，2014）。本章针对学业焦虑、学业倦怠、厌学情绪三种常见的不良学业情绪，提出了 AR 支持下的教师支持、教学环境支持、朋辈支持、家庭支持四种策略，以帮助学生在 AR 多媒体学习过程中建立正向的情感联结。

第一节　常见的不良学业情绪

在学习过程中，许多学生会面临各种负面情绪，如对考试的焦虑和害怕，对课业的压力和担忧，对失败的恐惧等，这些情绪如果持续存在且没有得到及时有效的引导和调整，往往会严重影响学生的学习状态、学习效果以及身心健康。结合以往的相关研究，本节将着重介绍几种较为常见的不良学业情绪：学业焦虑、学业倦怠和厌学情绪。

一、学业焦虑

学业焦虑是指学生在学习和考试中所体验到的焦虑情绪，其核心特征是对学习过程和考试结果的过度担心与焦虑。导致学业焦虑的影响因素复杂多样，既有个体内在的素质，如完美主义倾向（Kawam□ra et al.，2002），也与外在的家庭期待和过高目标的设定有关（Thergaonkar & Wadkar，2007）。存在学业焦虑的学生往往在课堂上注意力不集中，记忆力下降，进而影响学业表现（Onyeiz□gbo，2010），严重时还可能导致出现身体症状，如头痛、胃痛和失眠，并增加抑郁风险。因此，及时缓解学业焦虑非常必要，建议学生进行定期身心放松，如冥想（Gallego et al.，2014），或者寻求社会支持系统，如老师和家长的支持与鼓励（Saleem & S□tana，2021）。学校和教师也应为学生创设一个温馨、鼓励进步的学习环境。

二、学业倦怠

学业倦怠是一个多方面的概念，涉及情感、认知和行为方面的问题。Salmela-

Aro 和 Upadyaya（2014）将学业倦怠定义为一种疲劳状态，包含对学习内容和学习活动的厌倦感以及对学习动机和价值观的降低。导致学业倦怠的原因有很多，包括过高的学业要求和压力、缺乏学习策略和时间管理技能、个人情绪问题（如焦虑和抑郁）以及对未来发展前景的担忧等。学业倦怠对学生的影响十分严重，不仅会导致成绩下降，也会对学生的身心健康产生负面影响，长期的学业倦怠还会增加个体患抑郁症和焦虑症的风险（Salmela-Aro & Read，2017）。此外，Zhang 等（2007）的研究表明，学业倦怠与低自尊、对学校的归属感降低有关。总之，学业倦怠不仅会影响学习，也会对青少年的身心健康产生广泛的负面影响。

那么，我们应该如何帮助学生应对学业倦怠呢？首先，学校和家长需要鼓励学生采取积极的应对策略，如寻求社会支持、改善时间管理和学习技巧等；其次，学校和社会应提供咨询服务，以帮助学生减轻焦虑和抑郁；最后，教师应不断调整教学方法，使课堂更加有趣和更具互动性，以此来增强学生的学习动机。

三、厌学情绪

尽管学校教育的目的是提高学生的知识与能力，但部分学生在学习过程中还是会出现厌学情绪。厌学情绪是一种负面的情感状态，即学生对学习任务和学习过程感到厌烦、反感，不想投入时间和精力。厌学的形成有多方面原因：首先，过重的课业负担会给学生带来巨大压力，导致其对学习产生抗拒心理；其次，缺乏学习动机也是一个重要因素，学生如果对专业没有兴趣，或对未来规划没有明确想法，则较易产生厌学情绪（Bask & Salmela-Aro，2013）；再次，师生关系紧张也会影响学生的学习态度与积极性；最后，不良家庭教育方式及其家庭环境也是厌学情绪出现的重要来源之一。

厌学的危害主要体现在两个方面：一是学业表现下降，成绩退步；二是产生焦虑、抑郁等负面情绪，从而损害心理健康（Salmela-Aro，2017）。此外，厌学还会导致逃学等行为问题。因此，教师应努力改进教学，与学生保持良好互动，全方位干预有这类问题的学生，以提高他们的学习动机，帮助他们走出厌学状态。

第二节　不良学业情绪的改善策略

学业情绪在学生学习生涯中发挥着重要作用，对个体学业成绩、身心健康发展具有重要影响。AR 技术是将虚拟物体叠加在真实的物体或场景中，其虚实结合、实时交互、三维立体的特点使其可以被应用于改善小学生不良学业情绪的研究中。本节针对学优生、一般生、学困生英语学业情绪的影响因素，提出了教师支持、教学环境支持、朋辈支持、家庭支持四大策略，通过 AR 技术进行分类干预。

一、教师支持策略

教师应该以全面发展的眼光看待学习成绩不良的学生，成绩并不是评判学生好坏的唯一标准。研究发现，学习成绩不良的一般生、学困生更易出现不良的学业情绪，表现为焦虑、厌倦，长期处于消极学业情绪中容易使学生对学习失去兴趣（俞国良，董妍，2005）。教师在此过程中应加强对小学生积极学业情绪的培养，关注并为长期处于不良学业情绪中的学生提供指导与帮助，使他们避免受到不良情绪的影响，促进他们的身心健康发展。

（一）AR 技术拓展教育内容

相关访谈研究发现，学优生会将自己成功或失败的部分原因归结于老师的教学，学困生会将自己失败的原因归结于上课听课不认真（赵小军等，2021）。教师在学生学习的过程中扮演着重要的角色，要时刻反思自己的授课方式。小学生的年龄较小，各项心理功能尚未发育完全，其自制力、注意力还不成熟，在学习中往往需要教师的引导。当学习任务难度与价值适当时，学生对课堂内容兴趣高，就会产生更加积极的学业情绪（徐先彩，龚少英，2009）。因此，教师在课堂上可以采用新颖的教学方式，AR 技术的 3D 呈现效果与互动可以有效激发学生的学习兴趣。就英语中动物单词的学习而言，在 AR 技术的加持下，学生面对的不仅仅是冰冷的字母罗列，更有鲜活的动物形象。面对立体的知识内容，同时伴随着文字、音频等信息，学生不仅可以学习到英文单词、发音，还可以通过触摸、转动等全方位了解动物的外形特点，因此对教学内容更加感兴趣，积极地参与到学习中，从而深化对知识的理解。在互动的过程中，学生不再是被动的知识接受者，而是主动探索者，课堂参与感逐渐提高，更容易融入到学习活动中，自然产生良好的学业情绪。

（二）AR 技术适应学生特点

不管是学中生、学优生还是学困生，都倾向于将成功归因于内部因素；而面对失败，除了内部的努力归因外，学中生还提到了任务难度，学困生还提到了外界环境，二者均属于外部不可控因素（赵小军等，2021）。根据归因理论，人们对事件原因的不同解释会影响其随后的相关行为，当个体将失败归结为外部不可控因素时，其就会降低自身努力的坚持性（韩仁生，2004）。为增强学生学习的坚持性，引导学生进行正确归因极为重要。为此，教师在教学过程中应结合小学生的身心发展特点，选择学生更容易理解的方式，将 AR 技术与教育相结合，为学生提供更加真实的情境体验，使他们获得的信息更加形象、立体，在一定程度上降低学习任务的复杂性（胡智标，2014）。在此基础上，学生在与知识内容互动的过程中进行学习，既能够调动学生学习的积极性，又能让学生成为学习的主导者，减少学生因任务难度和外界环境等外部因素对学业情绪产生的消极影响，培养学生的积极学业情绪。

（三）AR 技术优化评价机制

师生关系是教师和学生在教育教学活动中形成的重要人际关系，无论是哪种学习类型的学生，都具有较强的向师性（赵小军等，2021）。学困生是教育教学过程中存在的学生群体之一，教师要尊重个体差异，了解学生学困的原因，由此才能采取更有针对性的办法。另外，积极的评价容易使学生感到愉悦，拥有更多的学习动力，消极的评价容易使学生产生羞愧、自卑等情绪。传统教学模式下，教师在很大程度上决定了学生如何解释自己的学习成果，带有较强的主观性，因此，应谨慎给予学生评价（韩仁生，2004）。采用 AR 技术的教学模式融合了实时追踪与在线反馈技术，可用于辅助学习，结合学生的学习状况给学生提供实时反馈，使学生了解目标的实现程度。AR 技术可在一定程度上帮助教师结合学生的实际情况，给予学生适当的评价，在一定程度上避免消极评价行为的产生。尤其是对于学中生、学困生，当他们出现错误时，教师应给予引导与鼓励，而非批评与指责，为其提供更多的感情支持，增强他们的自信心，使他们以更加良好的学业情绪投入到学习过程中，体验到学习的快乐，从而促进其身心健康发展。

二、教学环境支持策略

情绪转移效应提出，情绪具有感染性，即良好的学校、课堂环境氛围可以感染学生，是促使学生产生积极学业情绪的关键因素。学校风气不良、课堂秩序混乱对学生积极学业情绪具有较强的破坏性，教师在教学过程中要注重营造民主、互动、活跃的课堂气氛（桑青松，卢家楣，2012）。

（一）AR 技术激发内部学习动机

部分学业困难的小学生缺乏足够的内部动机。例如，学优生通常认为自己能够主动学习英语，而学困生则更多依赖外部因素，如奖赏、家长的期望或其他激励措施，来推动其产生学习动机（赵小军等，2021）。传统教学模式的大班制教学中，教师很难照顾到每一位学生，学困生的学习动机不足，导致其学习表现不佳。这为 AR 技术在教学中的应用提供了充分的空间，AR 技术具有虚实结合、交互、立体呈现的特点，可以最大限度地调动学生的学习兴趣，增强学生的学习体验。多感官刺激有助于拓展学生的认知环境,使学生的学习不只局限于书本和平面知识的学习上,能有效激发学生的求知欲望,促进积极学业情绪的产生,减少消极学业情绪的影响(周森,尹邦满,2017)。同时,消极学业情绪对学生的学习动机具有反作用,积极学业情绪有助于增强小学生的学习动机(钟绮敏,2012),促进良性循环,易于生成良好的班级学习氛围。

(二)AR 技术优化课堂教学环境

学生的学业情绪会受到班级环境的影响,例如,学困生认为上课时自己会受到他人的打扰(赵小军等,2021)。智慧学习环境是一种包括测评、学习资源、学习情境、互动、记录学习过程等特点的学习场所或空间(黄荣怀等,2012),AR 技术打破传统课堂中时间、地点的限制,具有包括立体呈现、知识互动、沉浸体验等在内的明显教育优势,使得 AR 教学能够提供一种高效的智慧学习环境。学生在此课堂环境中,能够通过 AR 环境提供的体验感、情境感快速沉浸到学习活动中,激发学习的积极性(胡智标,2014)。另外,在采用 AR 技术进行学习的过程中,学生可以自主选择感兴趣或者尚未掌握的知识重点进行学习,这种更加灵活的获取知识的方式可以在一定程度上满足不同类型学生的需求,提高学生的学习效率(孔玺等,2019)。

三、朋辈支持策略

同伴关系是小学生重要的社会关系,朋辈之间的支持和帮助对孩子自身的学习与培养有着很好的影响,同伴学习方式对学生的学习成绩、情绪和社会化都有积极的影响(陈培霞,2012)。当前,我国很多高校采用朋辈教育模式,由年龄相仿或具有共同兴趣爱好的大学生一起分享经验、观念或行为技能来实现共同成长,这一模式在新生入学教育、思想道德教育、学业帮扶等方面运用广泛(宋强玲,2014)。在小学阶段,学校也可以将这种朋辈教育模式运用于学业帮扶中,通过使不同学业成绩的学生结成对子，让他们共同学习，以培养他们的积极学业情绪，产生更好的教育效果。

在基于 AR 技术的学习模式下，小学生通常会因其新颖性而产生较浓厚的学习兴趣（于翠波等，2017）。在这种模式下，朋辈学习不仅可以在课堂内进行，还能够扩展到课堂外的学习活动，打破时间和空间的限制，从而为朋辈教育模式的有效实施提供更多可能。

在校园中，教师可以安排不同年级、不同学科成绩的学生组成互助小组。例如，低年级学生教高年级学生学习如何使用 AR 工具，高年级学生在学会使用这类工具后，通过这类工具教低年级学生学习知识。这样，不同年级学生虽然需要掌握的知识不同，但通过彼此之间的互相教学而非高年级学生对低年级学生的单向教学，让彼此都能从教学中获得自我价值感，增强学习的主动性，形成更为积极的学业情绪。在同一班级内，教师可以安排在不同学科成绩的学生组成互助小组。学困生会因为某一学科成绩比其他学科成绩更好而在这一学科上感受到高唤醒的积极情绪，学优生则会因为某一学科成绩比其他学科成绩更差而体会不到高唤醒的积极情绪（赵小军等，2021）。因此，采用这种方式，让擅长不同学科的学生相互帮助，这样一方面会让学困生感受到更高水平的积极情绪，另一方面也可以帮助学优生补足短板，有助于其感受到更积极的学业情绪。

在校园外，AR 学习游戏也可以成为朋辈共同学习的选择之一。随着 AR 技术在教育游戏领域的应用不断发展和完善，现在市面上存在许多 AR 教育游戏，如"泡泡星球"就是一款基于 AR 技术的英语词汇教学游戏，小学生可以在游戏中与角色进行互动学习，还可以将游戏成果分享到社交平台上（陈向东，万悦，2017）。"快乐寻宝"游戏则需要三个参与者共同协作完成任务进行学习，正好符合朋辈教育的理念（陈向东，曹杨璐，2015）。相较于单纯地玩一些网络游戏、手机游戏，选择和同伴一起玩 AR 游戏不仅能促进人际关系的发展，还能使学生体验到沉浸性更强的学习情境，加深学生对知识的理解（王辞晓等，2017）。

因此，在基于 AR 技术的学习模式中，采用朋辈互助和同伴共学的方式，可以让不同学生发挥各自的优势，促进优势互补，这将成为未来提高小学生学习成绩、改善其学业情绪的有效途径。

四、家庭支持策略

家庭是小学生除学校外又一重要的学习场所，家庭环境和父母支持是小学生学业情绪重要的影响因素（徐先彩，龚少英，2009）。父母的支持和孩子的积极学业情绪存在显著的相关关系（徐速，2011）。在 AR 学习模式下，家庭支持同样扮演着重要的角色。

首先，在 AR 学习模式下，父母要提高自身对 AR 学习的认识。AR 学习模式作为一种新颖的学习方式，不同于传统的文本学习。AR 学习需要让学习者使用计算机或移动智能设备将虚拟场景和现实场景叠加在一起，通过与学习内容互动的方式进行学习（蔡苏等，2011）。由于这种学习模式需要用到摄像头、手机、电脑、平板电脑等电子设备，家长不免会担心是否会影响孩子的身心健康，并且会担心这种新的学习模式是否有助于孩子的发展（刘晓晔，孙璐，2016）。因此，作为父母，要认识到这种学习模式作为一种学习工具必然存在两面性，在孩子使用电子设备进行学习时，应对孩子使用的时间、使用时的坐姿进行规范，避免孩子沉溺其中，从而对其身体健康造成不良影响。此外，亲子共读或亲子共学有时不失为一种可取的方法，研究表明，在亲子共读时，亲子之间的交流沟通能进一步促进孩子认知的发展（Cheng & Tsai，2016）。

其次，家长在选择给孩子的 AR 学习工具时既要扩大视野，又要有所选择。随着 AR 技术的日趋成熟，AR 图书和卡片成为最轻便易用的 AR 学习工具之一。但 AR 学习工具不止这些，AR 教育游戏因其具备高交互性、高沉浸性等特点，也成为 AR 学习的一种途径。采用 AR 教育游戏进行学习，可以提高孩子的学习兴趣和学习动机，可对他们理解与建构知识产生积极作用（王辞晓等，2017）。家长还可以通过带孩子参观 AR 场馆等方式来进行学习（陈颖博等，2020）。

针对不同学习成就的小学生，家长也可以采用不同的方法，以"对症下药"地帮助孩子改善不良的学业情绪。对于学困生而言，其成就动机往往依赖于外界因素，缺乏学习的内在动机，他们往往有着较低的自我效能感，并且会将考试成绩不理想的原因归结于外界环境等因素（赵小军等，2021）。针对这一类学生，一方面，家长要给予孩子一定的外在激励，如物质奖励、娱乐奖励等；另一方面，家长还可以将采用 AR 设备进行学习本身当作奖励，AR 学习作为一种激发学生学习内在动机的良好方式，家长可以加以借鉴和应用（于翠波等，2017）。此外，家长需要改进自己的教养方法，为孩子创造一个有利于学习的良好环境。有研究指出，在家庭学习环境方面，成绩较差的学生与成绩中等或优秀的学生之间存在显著差异。成绩较差学生的家长往往在情感温暖和理解方面给予不足，他们的态度更多地体现为拒绝和否定，经常过度保护或干预孩子的生活，同时也更频繁地对孩子进行惩罚（朱冽烈，易晓明，2003）。因此，家长在教育孩子过程中，要以更加积极的态度陪伴孩子，与孩子共同学习、共同成长。

学中生的学业成就处于中等水平，既没有学优生较高的学习主动性，也不像学困生那样主要依靠外部奖励进行学习（赵小军等，2021）。对于这类学生，家长的支持和帮助有助于他们形成积极的学业情绪，使他们的成绩更上一层楼，甚至转变成为学优生。采用民主型教养风格的家长会给孩子提供充分的支持，会听取孩子的意见，尊重孩子的想法，并且会给予孩子更多的理解和尊重。这种教养风格下的孩子通常会有较好的学业成绩，并且往往会形成更为积极的学业情绪（满佳奇，2020；王燕，张雷，2005）。

学优生由于之前学习成绩较好，往往有着较高的自我效能感，对学习的自信心较高，并且学习主动性较高，但与此同时，学优生也会因为某一科目成绩不如其他科目而感受不到高唤醒的积极情绪（赵小军等，2021）。在培养学优生时，一方面，家长应端正自己的态度，不要因为孩子某一科目没有学好、考好而从整体上否定孩子，要认识到孩子在不同学科上存在能力发展的差异以及能力发展快慢的差异；另一方面，家长也要帮助孩子查漏补缺，避免偏科现象的产生，在孩子成绩相对较差的学科上提供一定的帮助和指导，帮助孩子全方位发展。

不论孩子的学业成绩如何，家长都要加大对他们的情感投入。在 AR 学习模式下，家长应主动学习使用新技术，和孩子共同学习、一起成长，帮助孩子培养更加积极的学业情绪，进而获得更好的学习效果。

参 考 文 献

巴晓娜, 杨炎梅. (2012). 小学生注意力不集中的成因及应对措施. *才智*, *12*, 186.

蔡红红. (2021). 教师在线教学准备与学生学习效果的关系探究——学习者控制与学业情绪的中介作用. *华东师范大学学报(教育科学版)*, *39*(7), 27-37.

蔡健. (2017). *增强现实技术在教学中的应用研究——以小学生汉字学习为例*(硕士学位论文). 浙江工业大学, 杭州.

蔡健, 刘慧娟, 林崇德. (2005). 认知负荷对小学生工作记忆资源分配策略的影响. *心理发展与教育*, *31*(1), 36-42.

蔡苏, 宋倩, 唐瑶. (2011). 增强现实学习环境的架构与实践. *中国电化教育*, *8*, 114-119, 133.

蔡苏, 王沛文, 杨阳, 刘恩睿. (2016). 增强现实(AR)技术的教育应用综述. *远程教育杂志*, *34*(5), 27-40.

蔡苏, 张鹏, 李江旭, 常珺婷. (2021). 交互式 AR 教学对中学生认知能力的影响——以高中化学电解池知识点为例. *现代教育技术*, *39*(7), 27-37.

蔡苏, 张晗, 薛晓茹, 王涛, 王沛文, 张泽. (2017). 增强现实(AR)在教学中的应用案例评述. *中国电化教育*, (3), 1-9.

曹宝龙, 刘慧娟, 林崇德. (2005). 认知负荷对小学生工作记忆资源分配策略的影响. *心理发展与教育*, (1), 36-42.

曹知, 丁晓娥. (2019). 从创新扩散角度看增强现实技术的教育应用. *中国教育信息化*, (18), 19-22.

陈国鹏, 金瑜, 黄志强, 曾秀芹, 王国红, 刘申. (1998). 《中小学生注意力测验》全国常模制定报告. *心理科学*, *5*, 401-403, 478-479.

陈弘. (2021). *基于脑电的VR场景构建研究与实现*(硕士学位论文). 北方工业大学, 北京.

陈佳雪, 谢和平, 王福兴, 周丽, 李文静. (2018). 诱发的积极情绪会促进多媒体学习吗? *心理科学进展, 26*(10), 1818-1830.

陈京军, 李三福. (2012). 初中生成就归因、学业情绪预测学业成绩的路径. *中国临床心理学杂志, 20*(3), 392-394.

陈京军, 吴鹏, 刘华山. (2014). 初中生数学成绩、数学学业能力自我概念与数学学业情绪的关系. *心理科学, 37*(2), 368-372.

陈丽. (2016). "互联网+教育"的创新本质与变革趋势. *远程教育杂志, 34*(4), 3-8.

陈荣, 陈增照, 王世娟. (2020). 创客教育的思想流变与实践进路——兼论"创中学"对"做中学"和"发现学习"的超越. *现代远程教育研究, 32*(6), 16-22.

陈向东, 曹杨璐. (2015). 移动增强现实教育游戏的开发——以"快乐寻宝"为例. *现代教育技术, 25*(4), 101-107.

陈向东, 蒋中望. (2012). 增强现实教育游戏的应用. *远程教育杂志*, (5), 68-73.

陈向东, 万悦. (2017). 增强现实教育游戏的开发与应用——以"泡泡星球"为例. *中国电化教育*, (3), 24-30.

陈雅丽, 张克松. (2019). 参与、同步与体验: 核心素养视域下增强现实教育应用的实践路径. *软件导刊(教育技术), 18*(11), 54-56.

陈颖博, 张文兰, 陈思睿. (2020). 基于增强现实的场馆学习效果分析——以"AR盒子"虚拟仿真学习环境为例. *现代远程教育研究, 32*(5), 104-112.

程学超, 王美芳. (1991). 成功和失败对儿童分享行为的影响. *心理科学*, (1), 25-29, 33, 66.

程志, 金义富. (2013). 基于手机的增强现实及其移动学习应用. *电化教育研究, 34*(2), 66-70.

戴维·H. 乔森纳. (2002). *学习环境的理论基础*. 上海: 华东师范大学出版社.

党梅, 何广英. (2020). 大学新生课堂学习效率的影响因素及提升策略. *教育观察, 9*(33), 138-140.

邓磊, 钟颖. (2020). 智能化时代教师教育生态的反思与重构. *教师教育学报, 7*(5), 1-10.

丁道群, 罗扬眉. (2009). 认知风格和信息呈现方式对学习者认知负荷的影响. *心理学探新, 29*(3), 37-40, 68.

董妍, 俞国良. (2007). 青少年学业情绪问卷的编制及应用. *心理学报, 39*(5), 852-860.

董妍, 俞国良. (2010). 青少年学业情绪对学业成就的影响. *心理科学, 33*(4), 934-937, 945.

都兴芳, 刘平. (2005). 探究式学习与学习策略. *中国教育学刊*, (8), 41-42.

段鹏阳, 范文凤. (2019). 中小学生非智力因素的年级差异——基于无条件分位数回归的分析. *教育学术月刊*, (12), 79-87.

高明. (2014). 学业情绪在大学适应与学习倦怠间的中介作用. *中国临床心理学杂志, 22*(3), 537-539, 536.

高文. (2001). 情境学习与情境认知. *教育发展研究*, (8), 30-35.

高媛, 刘德建, 黄真真, 黄荣怀. (2016). 虚拟现实技术促进学习的核心要素及其挑战. *电化教育研究, 37*(10), 77-87.

龚少英, 上官晨雨, 翟奎虎, 郭雅薇. (2017). 情绪设计对多媒体学习的影响. *心理学报, 49*(6), 771-782.

龚少英, 段婷, 王福兴, 周宗奎, 卢春晓. (2014). 装饰图片影响多媒体学习的眼动研究. *心理发展与教育, 30*(4), 403-410.

龚栩, 黄宇霞, 王妍, 罗跃嘉. (2011). 中国面孔表情图片系统的修订. *中国心理卫生杂志, 25*(1), 40-46.

顾小清, 胡梦华. (2018). 电子书包的学习作用发生了吗?——基于国内外 39 篇论文的元分析. *电化教育研究, 39*(5), 19-25.

哈克. (2004). *改变心理学的 40 项研究: 探索心理学研究的历史*. 白学军等译. 北京: 中国轻工业出版社.

韩仁生. (2004). 归因理论在教育中的应用. *教育理论与实践*, (4), 4-7.

韩晓玲, 孙博文, 李逢庆. (2020). 在线学习视频弹题反馈对学习效果的影响研究. *远程教育杂志, 38*(6), 62-72.

韩笑, 石连栓, 宋峥. (2021). 多媒体学习理论视角下小学数学练习型教学软件的设计与开发. *电脑知识与技术, 17*(1), 76-78.

韩颖, 董玉琦, 毕景刚. (2019). 小学生学业情绪现状调查及教学建议——以 C 市小学生为例. *基础教育课程*, (23), 60-67.

何贤敏. (2020). *增强现实技术在小学低学段识字教学中的应用研究*(硕士学位论文). 西北师范大学, 甘肃.

侯莹, 魏慧琳. (2016). 沉浸理论国外研究现状述评. *语文学刊*, (20), 119-120.

胡乐乐. (2015). 论"互联网+"给我国教育带来的机遇与挑战. *现代教育技术, 25*(12), 26-32.

胡天宇, 张权福, 沈永捷, 董惠媛. (2017). 增强现实技术综述. *电脑知识与技术, 13*(34), 194-196.

胡智标. (2014). 增强教学效果 拓展学习空间——增强现实技术在教育中的应用研究. *远程教育杂志, 32*(2), 106-112.

黄川. (2018). 基于可穿戴设备的教育应用案例分析. *科技传播, 10*(21), 90-91.

黄和悦. (2018). 非智力因素对中小学数学教学的影响. *教育评论*, (9),130-133.

黄荣怀, 杨俊锋, 胡永斌. (2012). 从数字学习环境到智慧学习环境——学习环境的变革与趋势. *开放教育研究, 18*(1), 75-84.

贾林祥, 刘德月. (2011). 成就目标: 理论、应用及研究趋势. *心理学探新, 31*(6), 499-502.

贾小娟, 胡卫平, 武宝军. (2012). 小学生学习动机的培养: 五年追踪研究. *心理发展与教育, 28*(2), 184-192.

贾义敏. (2009). 多媒体学习的科学探索——Richard E. Mayer 学术思想研究. *现代教育技术,*

19(11), 5-9.

贾智刚. (2019). 心理负荷对学习效率的影响研究. *陕西师范大学学报(哲学社会科学版)*, *48*(4), 166-176.

姜召彩, 徐兆军. (2017). 中学生学业情绪与心理韧性、学习成绩的关系. *中国健康心理学杂志*, *25*(2), 290-293.

蒋中望. (2012). *增强现实教育游戏的开发*(硕士学位论文). 华东师范大学, 上海.

金燕, 杨康. (2017). 基于用户体验的信息质量评价指标体系研究——从用户认知需求与情感需求角度分析. *情报理论与实践*, *40*(2), 97-101.

孔玺, 孟祥增, 徐振国, 刘涛, 陈长胜. (2019). 混合现实技术及其教育应用现状与展望. *现代远距离教育*, (3), 82-89.

兰国帅, 魏家财, 黄春雨, 张怡, 贺玉婷, 赵晓丽. (2022). 学习元宇宙赋能教育：构筑"智能+"教育应用的新样态. *远程教育杂志*, *40*(2), 35-44.

李国良, 黄如民, 杨朝勇. (2019). 基于增强现实的儿童英语单词卡设计与实现. *软件导刊*, *18*(3), 108-111.

李洁. (2009). *基于情境认知理论的教育游戏设计*(硕士学位论文). 山东师范大学, 济南.

李强, 卢尧选. (2019). 学生学习成绩和学习能力影响因素之研究——四个维度的分析框架初探. *西北师大学报(社会科学版)*, (3), 5-14.

李轶. (2018). 增强现实(AR)技术在教育教学中的设计与应用. *数字教育*, *4*(5), 28-31.

李振兴, 郭成, 赵小云, 邓欢. (2020). 学业自我概念和学业成绩的纵向关系：流动与城市儿童的比较分析. *中国特殊教育*, (3), 83-90.

廖宏建. (2014). 应用 Kinect 构建英语课堂虚拟教学情境研究. *现代教育技术*, *24*(3), 64-70.

林崇德, 杨治良, 黄希庭. (2003). *心理学大辞典*. 上海: 上海教育出版社.

林晓凡, 朱倩仪, 吴倩意, 申伟鹏, 王佳慧. (2019). 增强现实体验式教学资源的科学教育应用：策略与案例. *中国电化教育*, (9), 60-67.

刘畅. (2020). AI+教育——智能化教育生态系统助推教育公平的实现. *教育教学论坛*, (17), 383-384.

刘德建. (2019). 人工智能赋能高校人才培养变革的研究综述. *电化教育研究*, *40*(11), 106-113.

刘德建, 刘晓琳, 张琰, 陆奥帆, 黄荣怀. (2016). 虚拟现实技术教育应用的潜力、进展与挑战. *开放教育研究*, *22*(4), 25-31.

刘电芝, 黄希庭. (2002). 学习策略研究概述. *教育研究*, *23*(2), 78-82.

刘红霞. (2019). 增强现实技术(AR)在高职教育的应用现状及对策. *电子技术与软件工程*, (5), 135.

刘加霞, 辛涛, 黄高庆, 申继亮. (2000). 中学生学习动机、学习策略与学业成绩的关系研究, *教育理论与实践*, *20*(9), 54-58.

刘景全, 姜涛. (1993). 关于小学生某些注意品质的实验研究. *天津师大学报(社会科学版)*, (4), 32-35.

刘明, 韩梦莹, 李月, 胜楚倩. (2018). 实时协同写作环境对学习专注度、成绩的影响. *现代教育技术*, 28(7), 38-43.

刘琦, 陈燕, 林静, 梁百慧, 洪净. (2017). 增强现实技术及其在健康教育中的应用前景. *护理学杂志*, 32(16), 103-106.

刘善循. (2000). *高效率学习与心理素质训练: 如何使您更聪明*. 北京: 商务印书馆.

刘卫国. (2011). 现代化、信息化、数字化、智能化及其相互关系. *中国铁路*, (1), 83-86.

刘潇, 王志军, 曹晓静, 韩美琪. (2019). AR 技术促进科学教育的实验研究. *实验室研究与探索*, 38(8), 179-183, 208.

刘晓晔, 孙璐. (2016). 增强现实技术应用于科普童书的优势与挑战. *科普研究*, 11(6), 78-83, 103.

刘雪飞, 陈琳. (2019). 主辅式认知——智慧时代认知拓展研究. *电化教育研究*, 40(1), 33-38.

刘妍, 吴敏华, 孙众. (2015). 电子课本环境中学生技术接受度与学习方法、学习效能感关系研究. *开放教育研究*, 21(1), 105-113.

刘影, 桑标. (2020). 中学生学业情绪表达策略及其与学业情绪的关系. *心理科学*, 43(3), 600-607.

柳林. (2017). 高职生学业情绪、一般自我效能感对学业成就的影响. *陕西教育(高教)*, (5), 66-67.

柳祖国, 李世其, 李作清. (2003). 增强现实技术的研究进展及应用. *系统仿真学报*, 15(2), 222-225.

龙紫阳, 李凤英. (2020). 增强现实技术对高校学生学习的影响——基于 2010—2019 年 21 篇英文文献的研究综述. *中国教育信息化*, (12), 8-14.

卢向群, 孙禹. (2019). 基于 5G 技术的教育信息化应用研究. *中国工程科学*, 21(6), 120-128.

鲁文娟. (2019). 移动增强现实在开放大学教育教学中的应用探索研究. *中国教育信息化*, (22), 80-84.

栾毅, 姜群, 徐琴美. (2009). 音高和语气助词影响儿童早期言语偏好的实验研究. *第十二届全国心理学学术大会论文摘要集*.

马小凤, 周爱保, 崔丹, 张荣华. (2014). "提取练习"促进意义学习: 实验凭证与教学应用. *心理科学进展*, 22(2), 279-287.

满佳奇. (2020). 父母教养方式对小学生学业情绪的影响研究. *科教文汇(中旬刊)*, (8), 162-163.

莫雷, 邹艳春, 金素萍. (2000). 材料模式与认知负荷对小学生类比学习的影响. *心理科学*, 23(4), 385-389, 508.

缪玉波, 许安娇, 曹阳. (2022). 情境认知视角下长沙童谣 AR 绘本的设计策略研究. *家具与室内装饰*, 29(7), 53-57.

倪慧文, 胡永斌. (2019). 增强现实技术能促进学习吗?——基于 2010—2018 年国际英文期刊 35 项研究的元分析. *开放教育研究*, 25(1), 62-72.

乜勇, 万文静. (2021). 增强现实技术能提升学习成效吗?——基于国内外 40 项实验与准实验研究的元分析. *现代教育技术, 31*(2), 40-47.

牛舜君. (2019). 人工智能在教育中的应用研究综述. *信息技术与信息化*, (7), 193-195.

潘飞. (2010). 多媒体与网络环境下大学英语情感教学研究. *浙江科技学院学报, 22*(3), 225-228.

齐越, 马红妹. (2004). 增强现实: 特点、关键技术和应用. *小型微型计算机系统, 25*(5), 900-903.

邱林, 郑雪, 王雁飞. (2008). 积极情感消极情感量表(PANAS)的修订. *应用心理学, 14*(3), 249-254.

桑青松, 卢家楣. (2012). 课堂学业情绪内涵建构与价值取向. *中国教育学刊*, (11), 58-61.

沈德立, 白学军. (2006). 高效率学习的心理机制研究. *心理科学, 29*(1), 2-6.

司徒巧敏. (2014). 大学生学业压力对学业倦怠的影响核心自我评价的调节作用. *中国健康心理学杂志, 22*(5), 758-760.

宋潮, 高光临, 刘梦麒, 张桂青. (2015). 情绪状态对语词记忆和生理影响的相关研究. *中国健康心理学杂志, 23*(12), 1863-1866.

宋强玲. (2014). 大学生朋辈教育的优势及实践应用. *教育与职业*, (11), 68-69.

苏丽杰. (2020). 高校思政课信息化智能化教学建设的实践与思考. *教育教学论坛*, (32), 63-65.

孙芳萍, 陈传锋. (2010). 学业情绪与学业成绩的关系及其影响因素研究. *心理科学, 33*(1), 204-206.

孙思佳, 孟海蓉. (2021). 小学生英语词汇学习策略与学习动机的相关性研究. *天津师范大学学报(基础教育版)*, (2), 39-45.

孙文涛. (2017). 增强现实技术在幼儿早期教育中的应用. *电子技术与软件工程*, (11), 161-162.

史晓刚, 薛正辉, 李会会, 王丙杰, 李双龙. (2021). 增强现实显示技术综述. *中国光学, 14*(5), 1146-1161.

田爱丽. (2020). 综合素质评价: 智能化时代学习评价的变革与实施. *中国电化教育*, (1), 109-113, 121.

田振蒙. (2018). 多媒体技术的应用现状及其发展前景研究. *科技传播*, (22), 162-163.

汪存友, 程彤. (2016). 增强现实教育应用产品研究概述. *现代教育技术, 26*(5), 95-101.

汪玲, 郭德俊. (2000). 元认知的本质与要素. *心理学报, 32*(4), 458-463.

王辞晓, 李贺, 尚俊杰. (2017). 基于虚拟现实和增强现实的教育游戏应用及发展前景. *中国电化教育*, (8), 99-107.

王德宇, 宋述强, 陈震. (2016). 增强现实技术在高校创客教育中的应用. *中国电化教育*, (10), 112-115.

王芳, 崔丽莹. (2017). 中职生学业情绪现状调查. *中国健康心理学杂志, 25*(10), 1588-1593.

王福兴, 谢和平, 李卉. (2016). 视觉单通道还是视听双通道?——通道效应的元分析. *心理科学进展, 24*(3), 335-350.

王国华, 张立国. (2017). 增强现实教育应用: 潜力、主题及挑战. *现代教育技术*, 27(10), 12-18.

王华容, 谭顶良. (2014). 进化心理学中的教育理念及其启示. *南通大学学报(社会科学版)*, 30(5), 107-112.

王建中, 曾娜, 郑旭东. (2013). 理查德·梅耶多媒体学习的理论基础. *现代远程教育研究*, (2), 15-24.

王罗那. (2020). 增强现实技术(AR)在数学教育中的应用现状述评与展望. *数学教育学报*, 29(5), 91-97.

王美, 程佳铭, 高守林. (2018). 用技术赋能情境学习. *现代教育技术*, 28(11), 12-18.

王培霖, 梁奥龄, 罗柯, 高巍, 周志颖. (2017). 增强现实(AR): 现状、挑战及产学研一体化展望. *中国电化教育*, 3, 16-23.

王同聚. (2017). 虚拟和增强现实(VR/AR)技术在教学中的应用与前景展望. *数字教育*, 3(1), 1-10.

王文慧. (2018). *情绪和学习者控制对多媒体学习的影响*(硕士学位论文). 西北师范大学, 甘肃.

王文静. (2002). 情境认知与学习理论研究述评. *全球教育展望*, 31(1), 51-55.

王希华. (2005). 建构主义促进了学习理论的三次变革. *心理科学*, 28(6), 1520-1522.

王亚可, 陈建文. (2018). 高中生学业压力与学校适应的关系研究. *六盘水师范学院学报*, 30(1), 106-110.

王燕, 张雷. (2005). 儿童学业自我概念在父母教养风格与学业成就间的中介效应. *应用心理学* 11(2), 186-192.

王以宁, 王永锋, 孔得伟. (2005). 多媒体学习中的认知心理学因素考察——来自梅耶(Mayer)的研究和实践. *开放教育研究*, 11(3), 34-37.

韦军, 王琳, 李蕾. (2013). 训练中专注度与放松度对优秀射箭运动员成绩的影响. *天津体育学院学报*, 28(4), 315-318.

温小勇, 刘露, 李一帆. (2019). 情感表征对多媒体学习体验的影响研究. *赣南师范大学学报*, 40(3), 90-95.

吴宝沛, 吴静, 张雷, 李璐. (2014). 择偶与人类嗓音. *心理科学进展*, 22(12), 1953-1963.

吴冬芹, 周彩英. (2004). 浅析沉浸理论在教学中的应用. *安康师专学报*, (6), 89-92.

吴骞华. (2019). 增强现实(AR)技术应用与发展趋势. *通讯世界*, 26(1), 289-290.

吴颖芳. (2012). 自我概念对英语阅读效率的影响与启示. *河北科技师范学院学报(社会科学版)*, 11(4), 105-110.

吴玉平, 张伟平. (2014). 试论抛锚式教学的内涵、理论基础及特点. *教育导刊*, (12), 65-68.

夏芳芳. (2016). 小学生英语课堂学习注意力提升的三大策略. *科学大众(科学教育)*, (7), 84.

肖君, 姜冰倩, 许贞, 余晔. (2015). 泛在学习理念下无缝融合学习空间创设及应用. *现代远程教育研究*, (6), 96-103.

邢少颖, 贾宏燕. (2001). 关于幼儿性别角色发展的研究. *山西大学师范学院学报*, (4), 82-84.

熊俊梅, 辛亮, 高苗苗, 王福兴, 周丽, 龚少英. (2018). 视觉和听觉情绪设计对多媒体学习的影响. *心理科学*, *41*(5), 1124-1129.

徐果. (2020). 信息技术支持下的中学物理差异教学研究. *物理通报*, (2), 2-5.

徐速. (2011). 儿童学业情绪的领域特殊性研究. *心理科学*, *34*(4), 856-862.

徐先彩, 龚少英. (2009). 学业情绪及其影响因素. *心理科学进展*, *17*(1), 92-97.

徐媛. (2007). 增强现实技术的教学应用研究. *中国远程教育*, (10), 68-70.

许梦幻, 李小平. (2018). 正式教育中增强现实应用现状研究. *中国教育信息化*, (4), 72-79.

晏涌. (2013). 建构主义学习理论在模拟电子技术实验教学中的应用. *实验技术与管理*, *30*(9), 159-161.

燕国材. (2019). 我在智力和非智力因素领域的探索与追求. *中国教育科学 (中英文)*, *2*(3), 3-8.

杨翠蓉, 蒋安琪, 陈卫东. (2021). 寻证多媒体学习的自我解释效应. *苏州大学学报(教育科学版)*, *9*(2), 58-67.

杨红云, 陈旭辉, 顾小清. (2020). 多媒体学习中视觉情绪设计对学习效果的影响——基于 31 项实验与准实验研究的元分析. *电化教育研究*, *41*(1), 76-83.

杨健. (2020). AR 电子书对小学生阅读学习效果影响的实证研究. *图书馆理论与实践*, (1), 41-47.

杨现民. (2014). 信息时代智慧教育的内涵与特征. *中国电化教育*, (1), 29-34.

杨喆文. (2017). *增强现实技术(AR)对施工教学成效的影响研究*(硕士学位论文). 重庆大学, 重庆.

杨志珍, 陈莉. (2008). GBL 在教学中的应用研究. *中国教育信息化*, (9), 65-67.

叶程成, 王莹. (2013). 积极学业情绪: 青少年学生自主学习的动力源. *教育导刊*, (9), 52-54.

叶强, 徐凯, 钱纪云, 冯辉, 何宗桂. (2018). 儿童体育活动课程中增强现实体育游戏的设计与应用. *电化教育研究*, *39*(1), 122-128.

英贾. (2021). 多媒体教学在高职计算机课程中的合理应用研究. *现代教育前沿*, *2*(2), 4-6.

游旭群, 赵小军. (2015). 基于增强现实和 ERPs 架构的 SNARC 效应展望. *心理科学*, *38*(2), 258-262.

于翠波, 李青, 刘勇. (2017). 增强现实(AR)技术的教育研究现状及发展趋势——基于 2011—2016 中英文期刊文献分析. *远程教育杂志*, *35*(4), 104-112.

俞国良, 董妍. (2005). 学业情绪研究及其对学生发展的意义. *教育研究*, *26*(10), 39-43.

俞国良, 董妍. (2006). 学习不良青少年与一般青少年学业情绪特点的比较研究. *心理科学*, *29*(4), 811-814.

喻春阳, 蒲佳宁, 郑凌腾, 关斯琪. (2016). 增强现实与传统方式在幼儿英语识词效果上的差异. *东北大学学报(自然科学版)*, *37*(9), 1250-1253.

袁庆曙, 王若楠, 潘志庚, 徐舒畅, 高嘉利, 罗天任. (2021). 空间增强现实中的人机交互技术综述. *计算机辅助设计与图形学学报*, *33*(3), 321-332.

张宝运, 恽如伟. (2010). 增强现实技术及其教学应用探索. *实验技术与管理*, *27*(10), 135-138.

张浩, 韦云, 朱德峰. (2020). AR 在幼儿美术教育活动中的应用与实证研究. *中国电化教育*, (11), 97-103.

张宏如, 沈烈敏. (2005). 学习动机、元认知对学业成就的影响. *心理科学*, 28(1), 114-116.

张灵聪. (1996). 小学生注意稳定的初步研究. *心理科学*, 19(4), 248-249.

张敏, 雷开春, 王振勇. (2005). 4~6 年级小学生学习动机的结构分析. *心理科学*, 28(1), 183-185.

张铭凯. (2014). 第三方评价机构参与中小学生综合素质评价: 可能、角色与运行. *教育发展研究*, 34(20), 34-39.

张庆林, 杨东. (2002). *高效率教学*. 北京: 人民教育出版社.

张四方, 江家发. (2018). 科学教育视域下增强现实技术教学应用的研究与展望. *电化教育研究*, 39(7), 64-69.

张亚玲, 郭德俊. (2001). 学习策略教学对学习动机的影响研究. *心理科学*, 24(3), 352-353.

张亚玲, 杨善禄. (1999). 中学生的学习动机与学习策略的研究. *心理发展与教育*, (4), 35-39.

赵建华, 李克东. (2000). 协作学习及其协作学习模式. *中国电化教育*, (10), 5-6.

赵淑媛, 蔡太生, 陈志坚. (2012). 大学生学业情绪及与学业成绩的关系. *中国临床心理学杂志*, 20(3), 398-400.

赵小军, 李旭鹏, 李凯悦. (2021). 小学低年级学生英语学业情绪的特点研究. *校园心理*, 19(3), 292-294.

赵小军, 游旭群, 张伟. (2014). 心理学研究中的增强现实技术. *人类工效学*, 20(2), 86-90.

赵晓嬿. (2019). 增强现实技术在基础教育教材领域的应用现状及发展策略. *出版科学*, 27(6), 93-97.

赵新灿, 左洪福. (2008). 增强现实技术在航空领域中的应用及展望. *航空维修与工程*, (6), 23-25.

郑峰, 李红松, 丁刚毅, 黄张涛, 张长路, 张龙飞. (2009). 基于增强现实的人群行为控制仿真系统. *系统仿真学报*, 21, 217-221.

郑旭东, 杨现民. (2020). 基于区块链技术的学生综合素质评价系统设计. *现代远程教育研究*, 32(1), 23-32.

郑耀, 谢天, 解利军, 杜昌平, 潘海斌. (2011). 增强现实技术在载人航天工程中的潜在应用. *载人航天*, 17(5), 46-52.

钟绮敏. (2012). 试探小学生数学积极学业情绪的培养——以《比的基本性质》一课为例. *教育导刊*, (12), 79-80.

周森, 尹邦满. (2017). 增强现实技术及其在教育领域的应用现状与发展机遇. *电化教育研究*, 38(3), 86-93.

周欣, 郑莹灿, 郑茂平. (2020). 基于视听双通道的音乐情绪加工机制及情绪类型和音乐经验的影响. *心理科学*, 43(1), 39-45.

周永垒, 韩玉昌, 张侃. (2005). 学习困难生学习动机对学习策略的影响. *中国临床心理学杂志*

13(2), 200-202.

周忠, 周颐, 肖江剑. (2015). 虚拟现实增强技术综述. *中国科学: 信息科学*, *45* (2), 157-180.

朱必熙, 卓皓. (2018). AR 技术在幼儿教育领域中的应用——以幼儿识字为例. *陕西学前师范学院学报*, *34*(4), 63-66.

朱冽烈, 易晓明. (2003). 学习困难儿童的家庭因素的研究. *中国特殊教育*, (5), 62-66.

朱淼良, 姚远, 蒋云良. (2004). 增强现实综述. *中国图象图形学报*, *9*(7), 767-774.

朱鹏飞. (2019). 增强现实(AR)技术促进高中生化学微观结构学习的研究. *化学教学*, (9), 34-38.

朱齐丹, 仲训昱, 陆军. (2008). 增强现实技术在远程现实中的应用研究. *光电工程*, *35*(9), 81-85.

朱艳霞. (2020). 小学语文教学中进行情境教育的重要性分析. *教育理论与应用*, *2*(1), 84.

祝智庭. (2001). 教育信息化: 教育技术的新高地. *中国电化教育*, (2), 5-8.

邹绚, 睢瑞芳. (2020). 虚拟现实与增强现实技术在眼科教学中的应用现状. *基础医学与临床*, *40*(12), 1744-1748.

Abdulrahaman, M., Faruk, N., Oloyede, A., Surajudeen-Bakinde, N., Olawoyin, L., Mejabi, O., … Azeez, A. (2020). Multimedia tools in the teaching and learning processes: A systematic review. *Heliyon*, *6*(11), e05312.

Acredolo, L. (1981). Small and large-scale spatial concepts in infancy and childhood. In L. S. Liben, A. H. Patterson, & N. Newcombe (Eds.), *Spatial Representation and Behavior across the Life Span* (pp. 63-81). New York: Academic Press.

Ainley, M., Corrigan, M., & Richardson, N. (2005). Students, tasks and emotions: Identifying the contribution of emotions to students' reading of popular culture and popular science texts. *Learning and Instruction*, *15*(5), 433-447.

Aji, S., Setyowati, T., Jumina, S., & Hudha, M. (2021). Augmented reality: Physics on wave and vibration. *Journal of Physics Conference Series*, *1869*(1), 012090.

Akçayır, M., & Akçayır, G. (2017). Advantages and challenges associated with augmented reality for education: A systematic review of the literature. *Educational Research Review*, *20*, 1-11.

Al Atiyat, A. M. (2018). The effect of multi-media instructional design based on Sweller's theory on reducing cognitive load and developing scientific concepts among deaf primary students. *Journal of Educational and Psychological Studies*, *12*(4), 672-685.

Albrecht, U. V., Folta, S. K., Behrends, M., & Von Jan, U. (2013). Effects of mobile augmented reality learning compared to textbook learning on medical students: Randomized controlled pilot study. *Journal of Medical Internet Research*, *15*(8), 182-195.

Alexander, W. P. (1938). Intelligence, concrete and abstract: Note. *British Journal of Psychology*, *29*(1), 74.

Alzahrani, N. M. (2020). Augmented reality: A systematic review of its benefits and challenges in

E-learning contexts. *Applied Sciences*, *10*(16), 5660.

Anastassova, M., & Burkhardt, J. M. (2009). Automotive technicians' training as a community-of-practice: Implications for the design of an augmented reality teaching aid. *Applied Ergonomics*, *40*(4), 713-721.

Anderman, E. M. (2020). Achievement motivation theory: Balancing precision and utility. *Contemporary Educational Psychology*, *61*, 101864.

Anderson, D. M., & Haddad, C. J. (2005). Gender, voice, and learning in online course environments. *Journal of Asynchronous Learning Networks*, *9*(1), 3-14.

Arino, J. J., Juan, M. C., Gil-Gómez, J. A., & Mollá, R. (2014). A comparative study using an autostereoscopic display with augmented and virtual reality. *Behaviour & Information Technology*, *33*(6), 646-655.

Artino, A. R., & Jones, K. D. (2012). Exploring the complex relations between achievement emotions and self-regulated learning behaviors in online learning. *The Internet and Higher Education*, *15*(3), 170-175.

Arvanitis, T. N., Petrou, A., Knight, J. F., Savas, S., Sotiriou, S., Gargalakos, M., & Gialouri, E. (2009). Human factors and qualitative pedagogical evaluation of a mobile augmented reality system for science education used by learners with physical disabilities. *Personal and Ubiquitous Computing*, *13*, 243-250.

Arvanitis, T. N., Williams, D. D., Knight, J. F., Baber, C., Gargalakos, M., Sotiriou, S., & Bogner, F. X. (2011). A human factors study of technology acceptance of a prototype mobile augmented reality system for science education. *Advanced Science Letters*, *4*(11-12), 3342-3352.

Ashby, F. G., & Isen, A. M. (1999). A neuropsychological theory of positive affect and its influence on cognition. *Psychological Review*, *106*(3), 529-550.

Avila-Garzon, C., Bacca-Acosta, J., Kinshuk, Duarte, J., & Betancourt, J. (2021). Augmented reality in education: An overview of twenty-five years of research. *Contemporary Educational Technology*, *13*(3), ep302.

Aydogdu, F., & Kelpšiene, M. (2021). Uses of augmented reality in preschool education. *International Technology and Education Journal*, *5*(1), 11-20.

Ayres, P. (2006). Using subjective measures to detect variations of intrinsic cognitive load within problems. *Learning and Instruction*, *16*(5), 389-400.

Azuma, R. T. (1997). A survey of augmented reality. *Presence: Teleoperators & Virtual Environments*, *6*(4), 355-385.

Bacca, J., Baldiris, S., Fabregat, R., Graf, S., & Kinshuk. (2014). Augmented reality trends in education: A systematic review of research and applications. *Educational Technology & Society*, *17*(4), 133-

149.

Baddeley, A. D., & Hitch, G. J. (1994). Developments in the concept of working memory. *Neuropsychology*, *8*(4), 485-493.

Bai, J. (2022). Optimized piano music education model based on multimodal information fusion for emotion recognition in multimedia video networks. *Mobile Information Systems*, *2022*, 1882739.

Ballard, D. H., Hayhoe, M. M., Pook, P. K., & Rao, R. P. (1997). Deictic codes for the embodiment of cognition. *Behavioral and Brain Sciences*, *20*(4), 723-742.

Bangor, A., Kortum, P., & Miller, J. (2009). Determining what individual SUS scores mean: Adding an adjective rating scale. *Journal of Usability Studies*, *4*(3), 114-123.

Banse, R., & Scherer, K. R. (1996). Acoustic profiles in vocal emotion expression. *Journal of Personality and Social Psychology*, *70*(3), 614-636.

Bask, M., & Salmela-Aro, K. (2013). Burned out to drop out: Exploring the relationship between school burnout and school dropout. *European Journal of Psychology of Education*, *28*(2), 511-528.

Baumeister, J., Ssin, S. Y., ElSayed, N. A., Dorrian, J., Webb, D. P., Walsh, J. A., … Kohler, M. (2017). Cognitive cost of using augmented reality displays. *IEEE Transactions on Visualization and Computer Graphics*, *23*(11), 2378-2388.

Baumeister, R. F., & Heatherton, T. F. (1996). Self-regulation failure: An overview. *Psychological Inquiry*, *7*(1), 1-15.

Bellizzi, J. A., & Hite, R. E. (1992). Environmental color, consumer feelings, and purchase likelihood. *Psychology & Marketing*, *9*(5), 347-363.

Biggs, J. B. (1987). *The Learning Process Questionnaire: Manual.* Hawthorn, VIC: Australian Council for Educational Research.

Billinghurst, M., & Kato, H. (2002). Collaborative augmented reality. *Communications of the ACM*, *45*(7), 64-70.

Borkowska, B., & Pawlowski, B. (2011). Female voice frequency in the context of dominance and attractiveness perception. *Animal Behaviour*, *82*(1), 55-59.

Borrero, A. M., & Márquez, J. M. A. (2012). A pilot study of the effectiveness of augmented reality to enhance the use of remote labs in electrical engineering education. *Journal of Science Education and Technology*, *21*, 540-557.

Botella, C., Bretón-López, J., Quero, S., Baños, R., & García-Palacios, A. (2010). Treating cockroach phobia with augmented reality. *Behavior Therapy*, *41*(3), 401-413.

Botella, C., Bretón-López, J., Quero, S., Baños, R. M., García-Palacios, A., Zaragoza, I., & Alcañiz, M. (2011). Treating cockroach phobia using a serious game on a mobile phone and augmented reality exposure: A single case study. *Computers in Human Behavior*, *27*(1), 217-227.

Bower, M., Howe, C., McCredie, N., Robinson, A., & Grover, D. (2014). Augmented Reality in education-cases, places and potentials. *Educational Media International*, *51*(1), 1-15.

Boyatzis, C. J., & Varghese, R. (1994). Children's emotional associations with colors. *The Journal of Genetic Psychology*, *155*(1), 77-85.

Brand, S., Reimer, T., & Opwis, K. (2007). How do we learn in a negative mood? Effects of a negative mood on transfer and learning. *Learning and Instruction*, *17*(1), 1-16.

Bronfenbrenner, U. (1994). Ecological models of human development. In P. Peterson, E. Baker, & B. McGaw (Eds.), *International Encyclopedia of Education* (2nd ed., Vol. 3, pp. 1647-1653). Oxford: Elsevier.

Brooke, J. (1996). SUS: A "quick and dirty" usability scale. In P. W. Jordan, B. Thomas, B. A. Weerdmeester, & I. L. McClelland (Eds.), *Usability Evaluation in Industry* (pp. 189-194). London: Taylor & Francis.

Bujak, K. R., Radu, I., Catrambone, R., MacIntyre, B., Zheng, R., & Golubski, G. (2013). A psychological perspective on augmented reality in the mathematics classroom. *Computers & Education*, *68*, 536-544.

Burguillo, J. C. (2010). Using game theory and competition-based learning to stimulate student motivation and performance. *Computers & Education*, *55*(2), 566-575.

Burton, E. P., Frazier, W., Annetta, L., Lamb, R., Cheng, R., & Chmiel, M. (2011). Modeling augmented reality games with preservice elementary and secondary science teachers. *Journal of Technology and Teacher Education*, *19*(3), 303-329.

Cabero-Almenara, J., & Roig-Vila, R. (2019). The motivation of technological scenarios in augmented reality (AR): Results of different experiments. *Applied Sciences*, *9*(14), 2907.

Cai, S., Wang, X., & Chiang, F. K. (2014). A case study of augmented reality simulation system application in a chemistry course. *Computers in Human Behavior*, *37*, 31-40.

Carrera, C. C., & Asensio, L. A. B. (2017). Landscape interpretation with augmented reality and maps to improve spatial orientation skill. *Journal of Geography in Higher Education*, *41*(1), 119-133.

Cassady, J. C., & Johnson, R. E. (2002). Cognitive test anxiety and academic performance. *Contemporary Educational Psychology*, *27*(2), 270-295.

Chandike, B. T. (2016). Study on applying augmented reality for effective learning of school curriculum of advanced level in Sri Lanka. *International Journal of Scientific &Technology Research*, *5*(10), 242-246.

Chang, H. Y., Hsu, Y. S., & Wu, H. K. (2016). A comparison study of augmented reality versus interactive simulation technology to support student learning of a socio-scientific issue. *Interactive Learning Environments*, *24*(6), 1148-1161.

Chang, S. C., & Hwang, G. J. (2018). Impacts of an augmented reality-based flipped learning guiding approach on students' scientific project performance and perceptions. *Computers & Education*, *125*, 226-239.

Chen, C. H. (2020). Impacts of augmented reality and a digital game on students' science learning with reflection prompts in multimedia learning. *Educational Technology Research and Development*, *68*(6), 3057-3076.

Chen, C. H., Huang, C. Y., & Chou, Y. Y. (2019). Effects of augmented reality-based multidimensional concept maps on students' learning achievement, motivation and acceptance. *Universal Access in the Information Society*, *18*, 257-268.

Chen, C. M., & Tsai, Y. N. (2012). Interactive augmented reality system for enhancing library instruction in elementary schools. *Computers & Education*, *59*(2), 638-652.

Cheng, K. H. (2017). Reading an augmented reality book: An exploration of learners' cognitive load, motivation, and attitudes. *Australasian Journal of Educational Technology*, *33*(4), 53-69.

Cheng, K. H., & Tsai, C. C. (2016). The interaction of child-parent shared reading with an augmented reality (AR) picture book and parents' conceptions of AR learning. *British Journal of Educational Technology*, *47*(1), 203-222.

Chiang, T. H., Yang, S. J., & Hwang, G. J. (2014). An augmented reality-based mobile learning system to improve students' learning achievements and motivations in natural science inquiry activities. *Educational Technology & Society*, *17*(4), 352-365.

Chiu, C. L., Ho, H. C., Yu, T., Liu, Y., & Mo, Y. (2021). Exploring information technology success of Augmented Reality Retail Applications in retail food chain. *Journal of Retailing and Consumer Services*, *61*, 102561.

Closs, L., Mahat, M., & Imms, W. (2022). Learning environments' influence on students' learning experience in an Australian Faculty of Business and Economics. *Learning Environments Research*, *25*(1), 271-285.

Collins, S. A., & Missing, C. (2003). Vocal and visual attractiveness are related in women. *Animal Behaviour*, *65*(5), 997-1004.

Cristancho, S. M., Moussa, F., & Dubrowski, A. (2011). A framework-based approach to designing simulation-augmented surgical education and training programs. *The American Journal of Surgery*, *202*(3), 344-351.

Cuendet, S., Bonnard, Q., Do-Lenh, S., & Dillenbourg, P. (2013). Designing augmented reality for the classroom. *Computers & Education*, *68*, 557-569.

De Gelder, B., & Bertelson, P. (2003). Multisensory integration, perception and ecological validity. *Trends in Cognitive Sciences*, *7*(10), 460-467.

Dede, C. (2009). Immersive interfaces for engagement and learning. *Science*, *323*(5910), 66-69.

Dehn, D. M., & Van Mulken, S. (2000). The impact of animated interface agents: A review of empirical research. *International Journal of Human-Computer Studies*, *52*(1), 1-22.

Del Amo, I. F., Erkoyuncu, J. A., Roy, R., Palmarini, R., & Onoufriou, D. (2018). A systematic review of Augmented Reality content-related techniques for knowledge transfer in maintenance applications. *Computers in Industry*, *103*, 47-71.

Dillenbourg, P. (2013). Design for classroom orchestration. *Computers & Education*, *69*, 485-492.

Donker, A. S., De Boer, H., Kostons, D., Van Ewijk, C. D., & Van Der Werf, M. P. (2014). Effectiveness of learning strategy instruction on academic performance: A meta-analysis. *Educational Research Review*, *11*, 1-26.

Dunleavy, M., Dede, C., & Mitchell, R. (2009). Affordances and limitations of immersive participatory augmented reality simulations for teaching and learning. *Journal of Science Education and Technology*, *18*, 7-22.

Efklides, A., & Petkaki, C. (2005). Effects of mood on students' metacognitive experiences. *Learning and Instruction*, *15*(5), 415-431.

Efklides, A., Kourkoulou, A., Mitsiou, F., & Ziliaskopoulou, D. (2006). Metacognitive knowledge of effort, personality factors, and mood state: Their relationships with effort-related metacognitive experiences. *Metacognition and Learning*, *1*, 33-49.

Epley, N., Waytz, A., & Cacioppo, J. T. (2007). On seeing human: A three-factor theory of anthropomorphism. *Psychological Review*, *114*(4), 864-886.

Ertmer, P. A., & Ottenbreit-Leftwich, A. (2013). Removing obstacles to the pedagogical changes required by Jonassen's vision of authentic technology-enabled learning. *Computers & Education*, *64*, 175-182.

Feinberg, D. R., DeBruine, L. M., Jones, B. C., & Little, A. C. (2008). Correlated preferences for men's facial and vocal masculinity. *Evolution and Human Behavior*, *29*(4), 233-241.

Feng, Y., & Chen, Y. M. (2006). Rectification of magnetic force tracker using neural network in augmented reality system. *Journal of Shanghai University (English Edition)*, *10*(5), 431-435.

Fidan, M., & Tuncel, M. (2019). Integrating augmented reality into problem based learning: The effects on learning achievement and attitude in physics education. *Computers & Education*, *142*, 103635.

Fjeld, M., Lauche, K., Bichsel, M., Voorhorst, F., Krueger, H., & Rauterberg, M. (2002). Physical and virtual tools: Activity theory applied to the design of groupware. *Computer Supported Cooperative Work*, *11*, 153-180.

Foglia, L., & Wilson, R. A. (2013). Embodied cognition. *Wiley Interdisciplinary Reviews*: *Cognitive Science*, *4*(3), 319-325.

Gallego, J., Aguilar-Parra, J. M., Cangas, A. J., Langer, Á. I., & Mañas, I. (2014). Effect of a mindfulness program on stress, anxiety and depression in university students. *The Spanish Journal of Psychology*, *17*, E109.

Georgiou, Y., & Kyza, E. A. (2018). Relations between student motivation, immersion and learning outcomes in location-based augmented reality settings. *Computers in Human Behavior*, *89*, 173-181.

Glanz, K., Rizzo, A. S., & Graap, K. (2003). Virtual reality for psychotherapy: Current reality and future possibilities. *Psychotherapy: Theory, Research, Practice, Training*, *40*(1-2), 55-67.

Goetz, T., Pekrun, R., Hall, N., & Haag, L. (2006). Academic emotions from a social-cognitive perspective: Antecedents and domain specificity of students' affect in the context of Latin instruction. *British Journal of Educational Psychology*, *76*(2), 289-308.

Hart, S. G., & Staveland, L. E. (1988). Development of NASA-TLX (task load index): Results of empirical and theoretical research. *Advances in Psychology*, *52*, 139-183.

Heidig, S., Müller, J., & Reichelt, M. (2015). Emotional design in multimedia learning: Differentiation on relevant design features and their effects on emotions and learning. *Computers in Human Behavior*, *44*, 81-95.

Helfrich, H., & Weidenbecher, P. (2011). Impact of voice pitch on text memory. *Swiss Journal of Psychology*, *70*(2), 85-93.

Hemphill, M. (1996). A note on adults' color-emotion associations. *The Journal of Genetic Psychology*, *157*(3), 275-280.

Herbert, V. M., Perry, R. J., LeBlanc, C. A., Haase, K. N., Corey, R. R., Giudice, N. A., & Howell, C. (2021). Developing a smartphone app with augmented reality to support virtual learning of nursing students on heart failure. *Clinical Simulation in Nursing*, *54*, 77-85.

Hernandez-Mosti, J. P., Alavez, M. C., Martínez, J. V., Becerril, D. R., Moya-Albor, E., & Brieva, J. (2018). Thoughts and emotion assimilation and detonation through VR for people with ASD. In *14th International Symposium on Medical Information Processing and Analysis*, Mazatlán, 100-105.

Hsiao, H. S., Chang, C. S., Lin, C. Y., & Wang, Y. Z. (2016). Weather observers: A manipulative augmented reality system for weather simulations at home, in the classroom, and at a museum. *Interactive Learning Environments*, *24*(1), 205-223.

Hsiao, K. F., & Rashvand, H. F. (2011). Integrating body language movements in augmented reality learning environment. *Human-centric Computing and Information Sciences*, *1*, 1-10.

Hsu, Y. S., Lin, Y. H., & Yang, B. (2017). Impact of augmented reality lessons on students' STEM interest. *Research and Practice in Technology Enhanced Learning*, *12*(1), 1-14.

Huang, T. C., Chen, C. C., & Chou, Y. W. (2016). Animating eco-education: To see, feel, and discover in an augmented reality-based experiential learning environment. *Computers & Education, 96*, 72-82.

Hwang, G. J., Wu, P. H., Chen, C. C., & Tu, N. T. (2016). Effects of an augmented reality-based educational game on students' learning achievements and attitudes in real-world observations. *Interactive Learning Environments, 24*(8), 1895-1906.

Ibili, E., & Billinghurst, M. (2019). Assessing the relationship between cognitive load and the usability of a mobile augmented reality tutorial system: A study of gender effects. *International Journal of Assessment Tools in Education, 6*(3), 378-395.

Jee, H. K., Lim, S., Youn, J., & Lee, J. (2014). An augmented reality-based authoring tool for E-learning applications. *Multimedia Tools and Applications, 68*, 225-235.

Jenlink, P. M., & Austin, F. S. (2013). Situated cognition theory. In B. Irby, G. H. Brown, R. Lara-Aiecio, & S. A. Jackson (Eds.), *The Handbook of Educational Theories* (pp. 185-198). Charlotte: Information Age Publishing.

Jerry, T. F. L., & Aaron, C. C. E. (2010). The impact of augmented reality software with inquiry-based learning on students' learning of kinematics graph. In *Proceedings of the 2nd International Conference on Education Technology and Computer*, Shanghai, 333-337.

Jones, B. C., Feinberg, D. R., DeBruine, L. M., Little, A. C., & Vukovic, J. (2010). A domain-specific opposite-sex bias in human preferences for manipulated voice pitch. *Animal Behaviour, 79*(1), 57-62.

Juan, M. C., & Joele, D. (2011). A comparative study of the sense of presence and anxiety in an invisible marker versus a marker augmented reality system for the treatment of phobia towards small animals. *International Journal of Human-Computer Studies, 69*(6), 440-453.

Kalawsky, R., Hill, K., Stedmon, A. W., Cook, C., & Young, A. (2000). Experimental research into human cognitive processing in an augmented reality environment for embedded training systems. *Virtual Reality, 5*, 39-46.

Kansaku, K., Hata, N., & Takano, K. (2010). My thoughts through a robot's eyes: An augmented reality-brain-machine interface. *Neuroscience Research, 66*(2), 219-222.

Karpicke, J. D., & Roediger, H. L. (2008). The critical importance of retrieval for learning. *Science, 319*(5865), 966-968.

Kaufmann, H., & Schmalstieg, D. (2003). Mathematics and geometry education with collaborative augmented reality. *Computers & Graphics, 27*(3), 339-345.

Kawamura, K. Y., Frost, R. O., & Harmatz, M. G. (2002). The relationship of perceived parenting styles to perfectionism. *Personality and Individual Differences, 32*(2), 317-327.

Kerawalla, L., Luckin, R., Seljeflot, S., & Woolard, A. (2006). "Making it real": Exploring the potential of augmented reality for teaching primary school science. *Virtual Reality*, *10*, 163-174.

Knörzer, L., Brünken, R., & Park, B. (2016). Facilitators or suppressors: Effects of experimentally induced emotions on multimedia learning. *Learning and Instruction*, *44*, 97-107.

Küçük, S., Kapakin, S., & Göktaş, Y. (2016). Learning anatomy via mobile augmented reality: Effects on achievement and cognitive load. *Anatomical Sciences Education*, *9*(5), 411-421.

Laato, S., Rauti, S., Islam, A. N., & Sutinen, E. (2021). Why playing augmented reality games feels meaningful to players? The roles of imagination and social experience. *Computers in Human Behavior*, *121*, 106816.

Le, Y., Liu, J., Deng, C., & Dai, D. Y. (2018). Heart rate variability reflects the effects of emotional design principle on mental effort in multimedia learning. *Computers in Human Behavior*, *89*, 40-47.

Lee, H. S., & Butler, N. (2003). Making authentic science accessible to students. *International Journal of Science Education*, *25*(8), 923-948.

Liao, W. L., Lee, T. T., Jiang, W. W., & Chao, C. H. (2019). Augmented reality teaching system based on cognitive theory of multimedia learning: An example system on four-agent soup. *Applied Science and Management Research*, *6*(1), 54-69.

Lin, F. R., & Kao, C. M. (2018). Mental effort detection using EEG data in E-learning contexts. *Computers & Education*, *122*, 63-79.

Linnenbrink, E. A. (2007). The role of affect in student learning: A multi-dimensional approach to considering the interaction of affect, motivation, and engagement. In P. Schutz, & R. Pekrun (Eds.), *Emotion in Education* (pp. 107-124). New York: Academic Press.

Lorist, M. M. (2008). Impact of top-down control during mental fatigue. *Brain Research*, *1232*, 113-123.

Maraza-Quispe, B., Alejandro-Oviedo, O. M., Llanos-Talavera, K. S., Choquehuanca-Quispe, W., Choquehuayta-Palomino, S. A., & Cayturiro-Silva, N. (2023). Towards the development of emotions through the use of augmented reality for the improvement of teaching-learning processes. *International Journal of Information and Education Technology*, *13*(1), 56-63.

Martín-Gutiérrez, J., Fabiani, P., Benesova, W., Meneses, M. D., & Mora, C. E. (2015). Augmented reality to promote collaborative and autonomous learning in higher education. *Computers in Human Behavior*, *51*, 752-761.

Mayer, R. E. (2002). Multimedia learning. In G. H. Bower (Ed.), *Psychology of Learning and Motivation* (Vol. 41, pp. 85-139). New York: Academic Press.

Mayer, R. E. (2003). The promise of multimedia learning: Using the same instructional design methods across different media. *Learning and Instruction, 13*(2), 125-139.

Mayer, R. E. (2005). Cognitive theory of multimedia learning. *The Cambridge Handbook of Multimedia Learning, 41*, 31-48.

Mayer, R.E. (2009). *Multimedia Learning*. New York: Cambridge Press.

Mayer, R. E. (2014). Incorporating motivation into multimedia learning. *Learning and Instruction, 29*, 171-173.

Mayer, R. E., & Estrella, G. (2014). Benefits of emotional design in multimedia instruction. *Learning and Instruction, 33*, 12-18.

Mayer, R. E., & Moreno, R. (1998). A cognitive theory of multimedia learning: Implications for design principles. *Journal of Educational Psychology, 91*(2), 358-368.

Mayer, R. E., Heiser, J., & Lonn, S. (2001). Cognitive constraints on multimedia learning: When presenting more material results in less understanding. *Journal of Educational Psychology, 93*(1), 187-198.

McCall, R., & Braun, A. K. (2008). Experiences of evaluating presence in augmented realities. *PsychNology Journal, 6*(2), 157-163.

Mei, Z. C., Li, H., & Mei, Z. X. (2023). A brief analysis of continuing education teaching method selection of primary and secondary school teachers based on non-intellectual factors. In *Proceedings of the 2023 9th International Conference on Humanities and Social Science Research* (ICHSSR 2023), Beijing, 1695-1700.

Menozzi, M., & Koga, K. (2004). Visual information processing in augmented reality: Some aspects of background motion. *Swiss Journal of Psychology, 63*(3), 183-190.

Milgram, P., & Kishino, F. (1994). A taxonomy of mixed reality visual displays. *IEICE Transactions on Information and Systems, 77*(12), 1321-1329.

Milgram, P., Takemura, H., Utsumi, A., & Kishino, F. (1995). Augmented reality: A class of displays on the reality-virtuality continuum. *Telemanipulator and Telepresence Technologies, 2351*, 282-292.

Mischel, W., & Shoda, Y. (1995). A cognitive-affective system theory of personality: Reconceptualizing situations, dispositions, dynamics, and invariance in personality structure. *Psychological Review, 102*(2), 246-268.

Moher, D., Liberati, A., Tetzlaff, J., Altman, D. G., & The PRISMA Group. (2009). Preferred reporting items for systematic reviews and meta-analyses: The PRISMA statement. *PLoS Medicine, 6*(7), e1000097.

Montepare, J. M., & Zebrowitz-McArthur, L. (1987). Perceptions of adults with childlike voices in two cultures. *Journal of Experimental Social Psychology, 23*(4), 331-349.

Moore, M. G. (1989). Three types of interaction. *American Journal of Distance Education, 3*(2), 1-6.

Moreno, R. (2006). Does the modality principle hold for different media? A test of the method-affects-learning hypothesis. *Journal of Computer Assisted Learning*, *22*(3), 149-158.

Moreno, R. (2009). Learning from animated classroom exemplars: The case for guiding student teachers' observations with metacognitive prompts. *Educational Research and Evaluation*, *15*(5), 487-501.

Moreno, R., & Mayer, R. (2007). Interactive multimodal learning environments: Special issue on interactive learning environments: Contemporary issues and trends. *Educational Psychology Review*, *19*, 309-326.

Mou, W., Biocca, F., Owen, C. B., Tang, A., Xiao, F., & Lim, L. (2004). Frames of reference in mobile augmented reality displays. *Journal of Experimental Psychology*: *Applied*, *10*(4), 238-244.

Moussa, G., Radwan, E., & Hussain, K. (2012). Augmented reality vehicle system: Left-turn maneuver study. *Transportation Research part C*: *Emerging Technologies*, *21*(1), 1-16.

Nagayo, Y., Saito, T., & Oyama, H. (2021). A novel suture training system for open surgery replicating procedures performed by experts using augmented reality. *Journal of Medical Systems*, *45*, 1-9.

Niculescu, A., Van Dijk, B., Nijholt, A., Li, H., & See, S. L. (2013). Making social robots more attractive: the effects of voice pitch, humor and empathy. *International Journal of Social Robotics*, *5*, 171-191.

Oliver, M. B., Bowman, N. D., Woolley, J. K., Rogers, R., Sherrick, B. I., & Chung, M. Y. (2016). Video games as meaningful entertainment experiences. *Psychology of Popular Media Culture*, *5*(4), 390-406.

Onyeizugbo, E. U. (2010). Self-efficacy and test anxiety as correlates of academic performance. *Educational Research*, *1*(10), 477-480.

Ortner, C. N., Kilner, S. J., & Zelazo, P. D. (2007). Mindfulness meditation and reduced emotional interference on a cognitive task. *Motivation and Emotion*, *31*(4), 271-283.

Ozdamli, F., & Hürsen, Ç. (2017). An emerging technology: Augmented reality to promote learning. *International Journal of Emerging Technologies in Learning*, *12*(11), 121-137.

Park, A. J., Calvert, T. W., Brantingham, P. L., & Brantingham, P. J. (2008). The use of virtual and mixed reality environments for urban behavioural studies. *PsychNology Journal*, *6*(2), 119-130.

Park, B., Knörzer, L., Plass, J. L., & Brünken, R. (2015). Emotional design and positive emotions in multimedia learning: An eyetracking study on the use of anthropomorphisms. *Computers & Education*, *86*, 30-42.

Park, S., & Lim, J. (2007). Promoting positive emotion in multimedia learning using visual illustrations. *Journal of Educational Multimedia and Hypermedia*, *16*(2), 141-162.

Parsons, D., & MacCallum, K. (2021). Current perspectives on augmented reality in medical education: Applications, affordances and limitations. *Advances in Medical Education and Practice*, *12*, 77-91.

Pekrun, R. (2006). The control-value theory of achievement emotions: Assumptions, corollaries, and implications for educational research and practice. *Educational Psychology Review*, *18*, 315-341.

Pekrun, R. (2017). Emotion and achievement during adolescence. *Child Development Perspectives*, *11*(3), 215-221.

Pekrun, R., Elliot, A. J., & Maier, M. A. (2006). Achievement goals and discrete achievement emotions: A theoretical model and prospective test. *Journal of Educational Psychology*, *98*(3), 583-597.

Pekrun, R., Elliot, A. J., & Maier, M. A. (2009). Achievement goals and achievement emotions: Testing a model of their joint relations with academic performance. *Journal of Educational Psychology*, *101*(1), 115-135.

Pekrun, R., Goetz, T., Titz, W., & Perry, R. P. (2002). Academic emotions in students' self-regulated learning and achievement: A program of qualitative and quantitative research. *Educational Psychologist*, *37*(2), 91-105.

Pekrun, R., Lichtenfeld, S., Marsh, H. W., Murayama, K., & Goetz, T. (2017). Achievement emotions and academic performance: Longitudinal models of reciprocal effects. *Child Development*, *88*(5), 1653-1670.

Plass, J. L., Heidig, S., Hayward, E. O., Homer, B. D., & Um, E. (2014). Emotional design in multimedia learning: Effects of shape and color on affect and learning. *Learning and Instruction*, *29*, 128-140.

Plass, J. L., & Kaplan, U. (2016). Emotional design in digital media for learning. In S. Tettegah, & M. Gartmeier (Eds.), *Emotions, Technology, Design, and Learning* (pp. 131-161). London: Elsevier.

Premack, D., & Woodruff, G. (1978). Does the chimpanzee have a theory of mind? *Behavioral and Brain Sciences*, *1*(4), 515-526.

Qu, Y., & Furnas, G. W. (2008). Model-driven formative evaluation of exploratory search: A study under a sensemaking framework. *Information Processing & Management*, *44*(2), 534-555.

Regenbrecht, H., Baratoff, G., & Wilke, W. (2005). Augmented reality projects in the automotive and aerospace industries. *IEEE Computer Graphics and Applications*, *25*(6), 48-56.

Renninger, K. A., & Hidi, S. (2011). Revisiting the conceptualization, measurement, and generation of interest. *Educational Psychologist*, *46*(3), 168-184.

Roda, C., & Thomas, J. (2006). Attention aware systems: Theories, applications, and research agenda. *Computers in Human Behavior*, *22*(4), 557-587.

Roediger, H. L., & Karpicke, J. D. (2006). The power of testing memory: Basic research and implications for educational practice. *Perspectives on Psychological Science*, *1*(3), 181-210.

Ruffman, T., Sullivan, S., & Dittrich, W. (2009). Older adults' recognition of bodily and auditory expressions of emotion. *Psychology and Aging*, *24*(3), 614-622.

Rumelhart, D. E., Hinton, G. E., & Williams, R. J. (1986). Learning representations by back-propagating errors. *Nature, 323*(6088), 533-536.

Saleem, S., & Sultana, S. (2021). Perceived social support and psychosocial problems in visually impaired: A mediating role of emotion-focused coping. *Journal of Liaquat University of Medical & Health Sciences, 20*(3), 223-227.

Salinas, P., González-Mendívil, E., Quintero, E., Ríos, H., Ramírez, H., & Morales, S. (2013). The development of a didactic prototype for the learning of mathematics through augmented reality. *Procedia Computer Science, 25*, 62-70.

Salmela-Aro, K. (2017). Dark and bright sides of thriving-school burnout and engagement in the Finnish context. *European Journal of Developmental Psychology, 14*(3), 337-349.

Salmela-Aro, K., & Read, S. (2017). Study engagement and burnout profiles among Finnish higher education students. *Burnout Research, 7*, 21-28.

Salmela-Aro, K., & Upadyaya, K. (2014). School burnout and engagement in the context of demands-resources model. *British Journal of Educational Psychology, 84*(1), 137-151.

Santos, M. E. C., Chen, A., Taketomi, T., Yamamoto, G., Miyazaki, J., & Kato, H. (2013). Augmented reality learning experiences: Survey of prototype design and evaluation. *IEEE Transactions on Learning Technologies, 7*(1), 38-56.

Sauro, J. (2015). SUPR-Q: A comprehensive measure of the quality of the website user experience. *Journal of Usability Studies, 10*(2), 68-86.

Schüler, J., Wegner, M., Assländer, L., Haufler, A., Krauss, T., Lang, M., Somhegyi, J., & Baumann, N. (2021). Moved to action? Gender differences in perceived effort and motor performance after video-based achievement motive arousal. *Psychology of Sport and Exercise, 57*, 102046.

Sethi, A., Mischel, W., Aber, J. L., Shoda, Y., & Rodriguez, M. L. (2000). The role of strategic attention deployment in development of self-regulation: Predicting preschoolers' delay of gratification from mother-toddler interactions. *Developmental Psychology, 36*(6), 767-777.

Shelton, B. E., & Hedley, N. R. (2002). Using augmented reality for teaching Earth-Sun relationships to undergraduate geography students. In *The First IEEE International Workshop Augmented Reality Toolkit*, Darmstadt, 1-8.

Shemeis, M., Asad, T., & Attia, S. (2021). The effect of big five factors of personality on compulsive buying: the mediating role of consumer negative emotions. *American Journal of Business and Operations Research, 2*(1), 5-23.

Siegel, A. W. (1981). The externalization of cognitive maps by children and adults: In search of ways to ask better questions. *Spatial Representation and Behavior Across the Life Span*, 167-194.

Sirakaya, M., & Cakmak, E. K. (2018). Effects of augmented reality on student achievement and self-efficacy in vocational education and training. *International Journal for Research in Vocational*

Education and Training, 5(1), 1-18.

Skrinda, I., Krama, T., Kecko, S., Moore, F. R., Kaasik, A., Meija, L., … Krams, I. (2014). Body height, immunity, facial and vocal attractiveness in young men. *Naturwissenschaften, 101*, 1017-1025.

Smith, D. S., Jones, B. C., Feinberg, D. R., & Allan, K. (2012). A modulatory effect of male voice pitch on long-term memory in women: Evidence of adaptation for mate choice? *Memory & Cognition, 40*, 135-144.

Squire, K., & Klopfer, E. (2007). Augmented reality simulations on handheld computers. *The Journal of the Learning Sciences, 16*(3), 371-413.

Steinmayr, R., & Spinath, B. (2009). The importance of motivation as a predictor of school achievement. *Learning and Individual Differences, 19*(1), 80-90.

Sweller, J. (1994). Cognitive load theory, learning difficulty, and instructional design. *Learning and Instruction, 4*(4), 295-312.

Sweller, J. (2011). Cognitive load theory. *Psychology of Learning and Motivation, 55*, 37-76.

Takano, K., Hata, N., Nakajima, Y., & Kansaku, K. (2010). Augmented reality-brain-machine interface operated with a see-through head mount display. *Neuroscience Research, 68*, e106.

Teoh, B. S. P., & Neo, T. K. (2007). Interactive multimedia learning: Students' attitudes and learning impact in an animation course. *Online Submission, 6*(4), 28-37.

Thergaonkar, N. R., & Wadkar, A. (2007). Relationship between test anxiety and parenting style. *Journal of Indian Association for Child and Adolescent Mental Health, 3*(1), 10-12.

Thomas, P. C., & David, W. (1992). Augmented reality: An application of heads-up display technology to manual manufacturing processes. In *Proceedings of the 25th Hawaii International Conference on System Sciences*, Kauai, 659-669.

Towle, A., & Cottrell, D. (1996). Self directed learning. *Archives of Disease in Childhood, 74*(4), 357-359.

Turner, J. C., Thorpe, P. K., & Meyer, D. K. (1998). Students' reports of motivation and negative affect: A theoretical and empirical analysis. *Journal of Educational Psychology, 90*(4), 758-771.

Turner, J. E., & Schallert, D. L. (2001). Expectancy-value relationships of shame reactions and shame resiliency. *Journal of Educational Psychology, 93*(2), 320-329.

Uhomoibhi, J., Onime, C., & Wang, H. (2020). A study of developments and applications of mixed reality cubicles and their impact on learning. *The International Journal of Information and Learning Technology, 37*(1-2), 15-31.

Um, E., Plass, J. L., Hayward, E. O., & Homer, B. D. (2012). Emotional design in multimedia learning. *Journal of Educational Psychology, 104*(2), 485-498.

Van Meter, P., & Garner, J. (2005). The promise and practice of learner-generated drawing: Literature review and synthesis. *Educational Psychology Review, 17*, 285-325.

Walter, W. G., Cooper, R., Aldridge, V., McCallum, W., & Winter, A. (1964). Contingent negative variation: an electric sign of sensori-motor association and expectancy in the human brain. *Nature, 203*(4943), 380-384.

Wang, P., & Li, X. (2016). Different conceptions of learning: Function approximation vs. self-organization. In *Proceedings of AGI 2016, 9th International Conference on Artificial General Intelligence*, Cham, 140-149.

Waytz, A., Morewedge, C. K., Epley, N., Monteleone, G., Gao, J. H., & Cacioppo, J. T. (2010). Making sense by making sentient: Effectance motivation increases anthropomorphism. *Journal of Personality and Social Psychology, 99*(3), 410-435.

Wechsler, D. (1943). Non-intellective factors in general intelligence. *The Journal of Abnormal and Social Psychology, 38*(1), 101-103.

Wolfe, J. (2000). Gender, ethnicity, and classroom discourse: Communication patterns of Hispanic and white students in networked classrooms. *Written Communication, 17*(4), 491-519.

Wolfson, S., & Case, G. (2000). The effects of sound and colour on responses to a computer game. *Interacting With Computers, 13*(2), 183-192.

Wu, C., Jing, B., Gong, X., Mou, Y., & Li, J. (2021). Student's learning strategies and academic emotions: their influence on learning satisfaction during the COVID-19 pandemic. *Frontiers in Psychology, 12*, 717683.

Wu, H. K., Lee, S. W. Y., Chang, H. Y., & Liang, J. C. (2013). Current status, opportunities and challenges of augmented reality in education. *Computers & Education, 62*, 41-49.

Xu, Z., Chen, Q., & Zhang, G. (2018). A new generation of human-computer interaction: The status, types and educational application of natural user interface: Also on the preliminary outlook of brain-computer technology. *Journal of Distance Education, 36*(4), 39-48.

Yilmaz, R. M. (2016). Educational magic toys developed with augmented reality technology for early childhood education. *Computers in Human Behavior, 54*, 240-248.

Yousef, A. M. F. (2021). Augmented reality assisted learning achievement, motivation, and creativity for children of low-grade in primary school. *Journal of Computer Assisted Learning, 37*(4), 966-977.

Yuen, S. C. Y., Yaoyuneyong, G., & Johnson, E. (2011). Augmented reality: An overview and five directions for AR in education. *Journal of Educational Technology Development and Exchange, 4*(1), 119-140.

Zhang C. M., Huang, L., & Zhang X. M. (2023). A brief analysis of continuing education teaching method selection of primary and secondary school teachers based on non-intellectual factors. In

Proceedings of the 2023 9th International Conference on Humanities and Social Science Research, New York, 1695-1700.

Zhang, G., Yu, M., Chen, G., Han, Y., Zhang, D., Zhao, G., & Liu, Y. J. (2019). A review of EEG features for emotion recognition. *Scientia Sinica Informationis*, *49*(9), 1097-1118.

Zhang, Y., Gan, Y., & Cham, H. (2007). Perfectionism, academic burnout and engagement among Chinese college students: A structural equation modeling analysis. *Personality and Individual Differences*, *43*(6), 1529-1540.

Zhang, Y., & Yang, S. (1999). Research on middle school students' learning motivation and learning strategies. *Psychological Development and Education*, *4*, 35-39.

Zhao, B., Feng, S., & Du, X. (2023). Challenges and effective strategies in cultivating non-intellectual factors of secondary vocational students. *Frontiers in Educational Research*, *6*(21), 22-28.

Zhao, Q. (2009). A survey on virtual reality. *Science in China Series F: Information Sciences*, *52*(3), 348-400.

Zhao, X., Kang, X., & Li , X. (2022). The influence of learning mode and learning sharing behavior on the synchronicity of attention of sharers and learners. *BMC Psychology*, *10*(1), 1-10.

Zhao, X., Shi, C., You, X., & Zong, C. (2017). Analysis of mental workload in online shopping: Are augmented and virtual reality consistent? *Frontiers in Psychology*, *8*, 71.